humboldt

Rolf W. Meyer

Linkshändig?

Fachliche Beratung von
Dr. Johanna Barbara Sattler

Verlegt bei Humboldt

www.humboldt.de

Inhalt

vorwort

Ist Linkshändigkeit ein Makel oder ein Fehler, der möglichst früh zu ändern ist, oder ist Linkshändigkeit eine Gabe Gottes, die dem Menschen zu besonderen Fähigkeiten verhilft?

Händigkeit ist Ausdruck einer bestimmten Betonung im menschlichen Gehirn, und so führt eine Beeinflussung des Gebrauchs der dominanten Hand auch oft zu massiven Störungen im Gehirn.

Das bedeutet, dass ein Linkshänder nicht auf den Gebrauch der rechten Hand umgestellt werden darf (und ein Rechtshänder nicht auf den der linken – aber dazu kommt es relativ selten wie z.B. bei Unfallfolgen), denn diese Umstellung ist einer der massivsten unblutigen Eingriffe in das menschliche Gehirn mit den verschiedensten Primär- und Sekundärfolgen.

Zu den Primärfolgen gehören Konzentrationsstörungen (schnelle Ermüdbarkeit), Gedächtnisstörungen, Lese-Rechtschreib-Schwierigkeiten, Sprachstörungen bis hin zum Stottern sowie feinmotorische Störungen.

Aus den Primärfolgen entwickeln sich dann häufig Sekundärfolgen wie Minderwertigkeitsgefühle, Rückzugstendenzen, bei Kindern »Kasperletheater spielen«, Nägel kauen und Bettnässen, des Weiteren Überkompensation und neurotische und psychosomatische Erscheinungen bis ins Erwachsenenalter.

Ein Linkshänder hingegen, der sich frei entfalten darf und seine dominante Hand für alle wesentlichen Tätigkeiten benutzt, muss nicht mit diesen Schwierigkeiten kämpfen (außer sie haben eine andere Ursache wie z.B. vor- oder nachgeburtliche leichte zerebrale Störungen).

Man sollte eigentlich annehmen, dass in unserer aufgeklärten Zeit, wo der Schutz des Kindes sehr ernst genommen wird, Versuche, ein linkshändiges Kind auf die rechte Hand umzustellen, schon lange nicht mehr unternommen werden. Das ist aber leider nicht so, und es ist sicher einer der größten Fehlschlüsse heutiger Pädagogen und Politiker, wenn sie meinen, alles sei hier in bester Ordnung.

Tatsache ist, dass

- keine ausreichende Aufklärung über Ursprung und Bedeutung der Händigkeit betrieben wird.
- Hilfestellungen für das Kind beim Erlernen der richtigen Schreibhaltung mehr oder weniger dem Zufall bzw. dem persönlichen Engagement des Lehrers und der Eltern überlassen bleiben.
- Gebrauchsgegenstände für Linkshänder zwar auf dem Markt sind, es aber von vielen Zufällen abhängt, ob die Information darüber auch zu den Betroffenen gelangt.
- Fragen nach der richtigen Berufswahl der Linkshänder nirgends formuliert und gestellt werden.

Und gleichzeitig wird immer wieder erstaunt die Frage gestellt:

»Zwingt denn heute noch jemand Linkshänder dazu, mit der rechten Hand zu schreiben?«

Oder:

»Warum wollen Sie denn einen Linkshänder nicht auf die rechte Hand umstellen, wenn er damit einverstanden ist?«

Leider werden linkshändige Kinder auch heute noch veranlasst oder mit leichtem Druck, versprochenen Belohnungen und erzieherischen Aufforderungen dazu gebracht, die rechte Hand zu benutzen. Für das Gehirn indes macht es keinen Unterschied, ob es durch Überredung oder Zwang zu einer falschen Funktion veranlasst wird.

Viele Eltern stehen ihrem linkshändigen Kind hilflos gegenüber, und es bleibt oft dem reinen Zufall überlassen, ob sie zum richtigen Zeitpunkt die richtige Information erhalten, die

- eine schädliche Umstellung von der dominanten linken Hand auf die ungeschicktere rechte Hand verhindert.
- sie veranlasst, rechtzeitig linkshandgerechte Produkte für ihr linkshändiges Kind zu kaufen.
- ihnen hilft, dem Kind Unterstützung zu geben, z.B. beim Binden einer Schleife, beim Häkeln und Stricken, beim Handwerken, im Musikunterricht und bei der passenden Berufswahl.

Die vergangenen zwanzig Jahre haben auf der anderen Seite sehr dazu beigetragen, dass Linkshändigkeit als ein wesentlicher Faktor im Leben des einzelnen Menschen erkannt wurde, dass ein weit größeres Interesse an diesen Problemen in der Öffentlichkeit entstanden ist und dass man nicht mehr einfach nur den mythischen Vorstellungen zur Umschulung der Linkshändigkeit anhängt.

An dem Thema »Linkshändigkeit« entfachen sich oft Diskussionen; es bleibt eigentlich niemand unberührt, jeder hat seine eigene Meinung oder sein eigenes Vorurteil dazu, oft bewirkt durch eine jahrhundertelange Abwertung der Linkshänder, die auch ihren Niederschlag in Redewendungen und in Wortbedeutungen im abendländischen Kulturkreis findet und alles Linke abwertet, negativ oder einfach als wertlos bezeichnet, z.B.

- linkisch
- links liegen lassen
- zwei linke Hände haben
- ein linker Typ und
- mit dem linken Bein zuerst aufstehen

Hingegen wird rechts mit »Recht« und »richtig« verbunden in Begriffen wie »mit rechten Dingen zugehen«, »rechtschaffen«, »sein Herz auf dem rechten Fleck haben« usw.

Durch die Entwicklung in den vergangenen Jahren verstärkt sich jedoch stetig das Interesse der Eltern, ihre linkshändigen Kinder vor einer Umschulung zu schützen und ihnen keine Benachteiligungen zuzumuten, sondern ihnen einen unbehinderten Start ins Leben als Linkshänder zu ermöglichen.

Dazu haben nicht zuletzt auch Industrie und Handel beigetragen, die dem Bedürfnis nach vernünftigen Gebrauchsgegenständen nachgekommen sind, und dabei auch die Ergonomen (die sich wissenschaftlich mit den jeweils optimalen Arbeitsabläufen und -bedingungen beschäftigen), die verstärkt dazu anspornen, sich mit der ganzen Problematik der Linkshändigkeit auseinanderzusetzen.

Endlich beginnen sich auch die umgeschulten Linkshänder ihrer Probleme bewusst zu werden und über die heikelste Thematik, die Ausdrucksmöglichkeit der eigenen Intelligenz, nachzudenken und zu sprechen, und sie fangen an, auch ihre Schwierigkeiten mit den Primär- und Sekundärfolgen der Umschulung der Händigkeit sich selbst und anderen einzugestehen.

Aber sicher wird es noch einige Zeit dauern, bis Linkshändigkeit als genauso normal angesehen werden wird wie Rechtshändigkeit, bis ein linkshändiges Kind entsprechend seiner Linkshändigkeit gefördert und so gelassen wird, wie es von Natur aus veranlagt ist.

Aufgabe und Beitrag dieses Buches kann und soll es sein,

- den nicht umgeschulten Linkshändern zu helfen, ohne Probleme mit ihrer Händigkeit durch das Leben zu kommen, und
- die umgeschulten Linkshänder von Minderwertigkeitskomplexen und Unsicherheiten zu entlasten und ihnen Zusammenhänge aufzuzeigen und Hilfestellungen zu geben, mit dieser Behinderung zu leben.

Dr. Johanna Barbara Sattler

wir machen es mit links

Haben Sie schon einmal darauf geachtet, wie viele Ihrer Mitmenschen eigentlich Linkshänder sind?

Ist es nicht bemerkenswert, wie viele Linkshänder oft zu den Besten zählen, sei es in der Kunst, in der Medizin, in der Literatur oder in der Musik? Auch im Sport werden Erfolge mit links erzielt.

Der Mensch empfing die Hand, weil er den Geist empfing. (Aristoteles, 384–322 v.Chr.)

Wussten Sie, dass

... sich zu Beginn der Bronzezeit das Verhältnis Rechts- und Linkshändigkeit veränderte, und zwar zu Gunsten der Rechtshändigkeit? Diese Veränderung wies der schweizerische Naturforscher **Fritz Sarasin** (1859–1942) an den Werkzeugen jener Zeit nach.

... schon die **Ilias** die Verwendung der linken Hand als eine Besonderheit beschreibt, wenn sie schildert, wie Achilles im Zweikampf mit Asteropaios verwundet wurde, der ihn mit dem Speer in der linken Hand angriff?

In unserer Gesellschaft stellen Linkshänder jedoch eine Minderheit dar. Die überwiegende Mehrheit der Menschen benutzt zum Schreiben und für andere wohl koordinierte einhändige Tätigkeiten fast ausschließlich die rechte Hand.

Wahrscheinlich gibt es aber viel mehr Linkshänder, als man aufgrund von früheren Untersuchungen vermutet hatte. Berücksichtigt man außerdem, dass es bereits in der Steinzeit Werkzeuge für Rechts- und Linkshänder gab und dass bereits in früheren Kulturen sowohl linksläufige Schriften (z.B. hebräische und arabische Schrift) als auch rechtsläufige Schriften (z.B. griechische Schrift seit dem 5. Jh. v. Chr. und bengalische bzw. tibetische Schrift) auftauchten, so ist anzunehmen, dass das Verhältnis zwischen Rechts- und Linkshändern relativ gleichmäßig verteilt war.

Die kulturelle Bewertung der Linken

Die Wertung, Beurteilung und der Umgang mit der Linkshändigkeit sind aufs Engste mit der Kulturgeschichte verknüpft und standen über eine große Zeitepoche sehr eng mit der Bewertung der rechten und linken Seite und der Himmelsrichtungen im Zusammenhang. Die negative Bewertung von allem Linken hatte in der abendländischen Kultur ihren Höhepunkt in der christlichen Liturgie des 3. und 4. Jahrhunderts nach Christus. Seit dieser Phase ist die negative Einstellung zur Linken tief in die mythischen Vorstellungen der Menschen eingedrungen, und

tipp

Wenn du aber Almosen gibst, so lass deine linke Hand nicht wissen, was die rechte tut. (Matthäus 7, 3)

Und wird die Schafe zu seiner Rechten stellen und die Böcke zur Linken. (Matthäus 25, 33)

Nach islamischem Recht steht auf Diebstahl das Abhacken der rechten Hand.

noch heute kennen viele Sprachen Ausdrücke, in denen links in einem abwertenden Sinn benutzt wird: »linkisch, links liegen lassen, linker Vogel, linken« oder »mit dem linken Fuß zuerst aufstehen«.

Bis zum Beginn des Industriezeitalters, das Maschinen hervorgebracht hat, die auf Rechtshänder zugeschnitten waren, und bis zur Einführung der allgemeinen Schulpflicht wurden Linkshänder bis zu einem gewissen Grad zwar als Minorität betrachtet, aber nicht kontinuierlich zum Schreiben auf die rechte Hand umgeschult. Relativ schnell kam es jedoch zu einer »Gleichschaltung« und zu einer gesellschaftlichen Haltung, die dazu führte, dass die meisten Linkshänder gezwungen wurden, mit der rechten Hand zu schreiben und zu arbeiten.

Wir essen, grüßen, schwören und streichen die Geige mit der rechten Hand, nur der Teufel fiedelt mit der linken.
Statue in der Kathedrale von Amiens aus dem 13. Jh.

Bis heute leiden viele Linkshänder unter den massiven Auswirkungen solch einer Umschulung, und oft genug beginnt der Leidensweg eines linkshändig veranlagten Menschen im Kindergarten und in der Schule und wird auf drastische Weise im Berufsleben fortgesetzt. Linkshändig zu sein galt eben schon immer als Zeichen von Ungeschicklichkeit, Krankheit oder seelischer Abwegigkeit.

Linkshänder werden praktisch benachteiligt

Wie lässt sich aber nun erklären, dass die meisten Menschen offensichtlich Rechtshänder sind?

Warum benutzt ein bestimmter Prozentsatz der Bevölkerung trotzdem die linke Hand, obwohl doch auch heute noch oft genug ein subtiler, manchmal auch offener sozialer Druck besteht, sich dem Händigkeitsmuster der Mehrheit anzupassen?

Die neuesten gehirnphysiologischen Untersuchungen lassen erkennen, dass die Händigkeit in einer komplexen Beziehung zu der Verteilung von Funktionen zwischen der linken und der rechten Gehirnhälfte besteht.

Die Funktionsverteilung im Gehirn bewirkt, dass Links- und Rechtshänder verschiedene Fähigkeiten besitzen, die Außenwelt wahrzunehmen, und auf unterschiedliche Art und Weise die Eindrücke verarbeiten und wiedergeben. Beide Verteilungsmuster haben für die Betroffenen Vorteile.

Linkshändigkeit ist ein Phänomen, das in allen Kulturen auftritt, aber jeweils mit einem anderen Stellenwert. Innerhalb bestimmter Gesellschaftsformen bestanden schon immer Vorurteile gegenüber Linkshändern. Dies fand seinen Niederschlag nicht nur in Religionen, in der Mythologie oder im Sprachlichen, sondern auch in Sitten und Gebräuchen.

Die Gebrauchsgegenstände und Wohnungseinrichtungen unserer kulturellen Entwicklung beweisen, dass sie überwiegend für Rechtshänder geschaffen wurden. Daraus ergeben sich praktische Benachteiligungen für die Linkshänder.

tipp

Aberglaube heute

Läuft einem eine schwarze Katze von links nach rechts über den Weg, so gibt's ein Unglück.

Wer am Morgen mit dem linken Bein zuerst aufsteht, dem gelingt den ganzen Tag nichts.

Siehst du Schafe zur Linken, wird das Glück dir noch winken.

In einer Welt von Rechtshändern leben zu müssen, in der alles auf den Gebrauch der rechten Hand abgestimmt ist, bedeutet für linkshändig veranlagte Menschen, dass sie gegen ihre Natur handeln müssen. Es erweist sich allzu oft als eben nicht »praktisch«, Linkshänder zu sein!

Aber soll man sich deswegen als Mensch, der alles mit links macht, minderwertig fühlen?

»Du hast ein Recht darauf, Linkshänder zu sein!«, lautet der Slogan einer Linkshänder-Bewegung in England. Es ist schon verwunderlich, dass sich die Linkshänder nicht bereits intensiver zu Initiativen zusammengeschlossen haben, um gemeinsam Benachteiligungen zu beseitigen und zu mildern, soweit das möglich ist.

Die praktischen Hinweise, die in diesem Buch in den verschiedenen Kapiteln angesprochen werden bzw. aufgeführt sind, sollen Linkshändern helfen, das Leben in der »rechtshändig« orientierten Umwelt besser meistern zu können.

Wussten Sie, dass ...

... **Augustinus** (354–430, abendländischer Kirchenlehrer) die rechte Seite in Verbindung mit dem ewigen Leben setzte? Deshalb sollten alle Dinge, die das ewige Leben betreffen, mit der rechten Hand getan werden, während die Linke für den irdischen Teil zuständig sein sollte.

... es im Talmud verboten ist, bei bestimmten religiösen Verrichtungen die linke Hand zu gebrauchen?

auf den punkt gebracht

Obwohl der Anteil linkshändig veranlagter Menschen in den heutigen Gesellschaftsformen relativ hoch ist, begegnet man diesen Menschen in vielen Fällen immer noch mit Vorurteilen. Dies ist zum großen Teil darauf zurückzuführen, dass viele Mitmenschen über das Phänomen Linkshändigkeit sachlich nicht hinreichend genug informiert sind.

händigkeit und hirndominanz

Bereits Platon (427–347 v.Chr.) hat sich Gedanken über die Händigkeit des Menschen gemacht (»Die Naturgemäßheit des gleichen Gebrauchs beider Hände«), wobei er in diesem Zusammenhang zu folgender Erkenntnis gelangt:

»Dass bei uns die rechte und die linke Seite von Natur für den Gebrauch zu allen Verrichtungen in Bezug auf die Hände verschieden sei, während doch bei den Leistungen der Füße und unteren Gliedmaßen kein Unterschied sich zeigt; hinsichtlich der Hände aber sind wir alle durch den Unverstand der Mütter und Wärterinnen gewissermaßen erlahmt. Während nämlich die natürliche Beschaffenheit der beiderseitigen Glieder sich ziemlich die Waage hält, haben wir selbst, durch die Gewohnheit eines nicht richtigen Gebrauchs, ihre Verschiedenheit bewirkt.«
Platon: Nomoi, VII. Buch, Kapitel 5

Die Hand ist das äußere Gehirn des Menschen. (Immanuel Kant, 1724–1804, Philosoph)

Offensichtlich tritt der große Philosoph als Verfechter einer gleichmäßigen Schulung beider Hände auf. Was er zu seiner Zeit jedoch nicht wissen konnte, ist die Tatsache, dass die Händigkeit eines Menschen davon abhängt, inwieweit die Funktionen und die Leistungsfähigkeit zwischen der linken und der rechten Gehirnhemisphäre verteilt sind. Dabei bezieht sich die Überlegenheit einer Gehirnhemisphäre aber nicht nur auf motorische Funktionen, sondern ist auch Grundlage besonderer Begabungen und des Bewusstseins.

Das Verarbeitungsprinzip im Gehirn

Ein Pionier der Erforschung der Hirnfunktionen ist der Amerikaner **Roger W. Sperry** vom Technologischen Institut (Kalifornien). Für seine bahnbrechenden Arbeiten wurde er, zusammen mit **Hubel** und **Wiesel**, mit dem Medizin-Nobelpreis 1981 ausgezeichnet. Der Neurophysiologe hatte herausgefunden, dass jede Gehirnhälfte, selbst wenn die Verbindung zwischen ihnen (der so genannte Balken) unterbrochen wird, über ein eigenes Wahrnehmungs-, Lern- und Erinnerungsvermögen verfügt (s. Abb.).

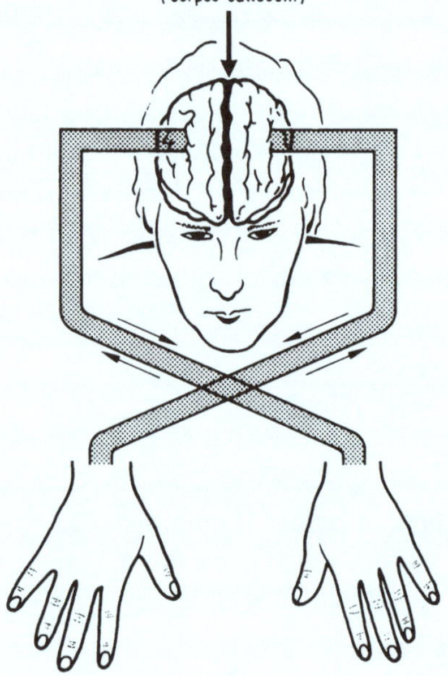

Die für die Kontrolle der Motorik zuständigen Nervenbahnen und die sensorischen Nervenbahnen, die sich zwischen dem Gehirn und dem restlichen Körper befinden, verlaufen fast vollständig über Kreuz. Die Hände sind – wie in der Abbildung gezeigt – vor allem mit der jeweils gegenüberliegenden Gehirnhemisphäre verbunden.

Johann Wolfgang von Goethe (1749–1832) vertrat die Theorie, dass die linke Seite dem Gemüt und dem Weiblichen zugerechnet und die rechte Seite als Verstandesseite dem Männlichen zugeordnet werden müsse.

Als wesentliches Ergebnis seiner Forschungsarbeit und als kritischen Beweis gibt Roger W. Sperry an, die wichtigste Erkenntnis sei, dass es offensichtlich zwei Denkweisen gibt, nämlich die verbale und die nonverbale, die jedoch weitgehend getrennt voneinander von der linken und der rechten Gehirnhemisphäre übernommen werden.

Die Erkenntnis für Sperry ist, dass das traditionelle Bildungssystem wie auch die Wissenschaft allgemein dazu neigen, die nonverbale Form der Intelligenz zu vernachlässigen. Das hat seiner Ansicht nach zur Folge, dass die rechte Gehirnhälfte von Seiten der Gesellschaft regelrecht diskriminiert wird.

Sperry konnte experimentell nachweisen, dass die linke Gehirnhälfte z.B. für abstraktes Denken, logische Deutung von Details, aber auch für das Sprechen zuständig ist. Die rechte Gehirnhälfte hingegen bleibt in dieser Beziehung eher stumm und passiv. In manchen Bereichen ist die rechte Gehirnhälfte der linken jedoch überlegen (s. Infokasten). Das gilt vor allem für ihre Fähigkeit des komplexen Denkens, des räumlichen Bewusstseins und des Verstehens von komplizierten nicht sprachlichen Zusammenhängen sowie in der Verwertung akustischer Eindrücke und des musikalischen Verständnisses.

Die Frage, welche Hand besser in der Lage ist, feinmotorische Tätigkeiten auszuführen, ist gleichzusetzen mit der Frage nach dem Verarbeitungsprinzip im Gehirn. Übernimmt die linke Gehirnhälfte dominant die Informationsverarbeitung, so handelt es sich um einen Rechtshänder und in Analogie hierzu um einen »Rechtsäuger«, »Rechtsohrer« und »Rechtsfüßer«. Entsprechend wirkt sich bei Linkshändern das rechtshemisphärische Denken aus.

Es gibt jedoch nicht eine Gehirnhälfte, die der anderen gegenüber völlig überlegen wäre. Vielmehr übernehmen beide im Zusammenspiel der Informationsverarbeitung jeweils eine andere Aufgabe. Deshalb spricht man heute in der Neurophysiologie auch von »funktioneller Asymmetrie des Gehirns« und bezeichnet die Verar-

tipp

Linke Hemisphäre
(rechte Körperseite)
analytisches, logisches Denken:
linear, d.h. aufeinander folgend
Broca-Sprachzentrum
Zeiterleben
Intellekt
Optimismus

Rechte Hemisphäre
(linke Körperseite)
synthetisches, ganzheitliches Denken:
beziehungsreich und gleichzeitig
räumliches und perspektivisches Vorstellungsvermögen
bildhafte Vorstellung
Melodiegedächtnis
sprachfreies Ausdrucksverständnis
Intuition
Pessimismus

Vorwiegende Funktionsverteilung in den Gehirnhemisphären; individuelle Variationen sind möglich.

beitungsverteilung als »Lateralitätsstruktur« (lateralis, lat. seitlich).

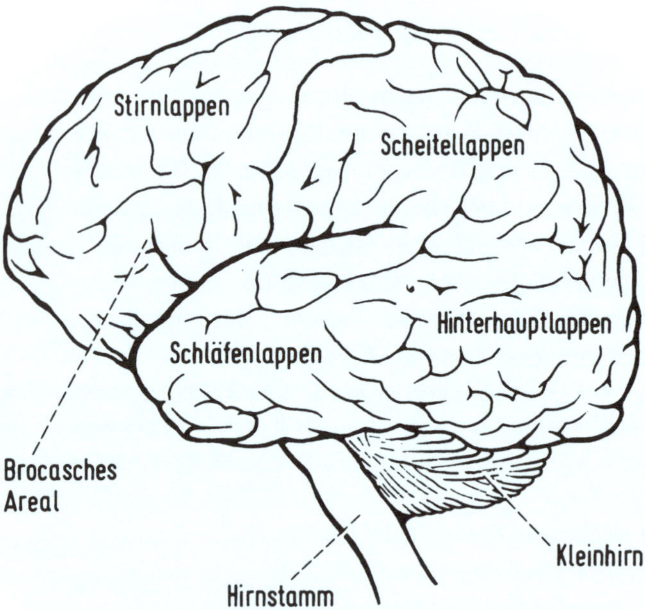

Die Lokalisation des Brocaschen Areals (Brocasches Zentrum) in der linken Großhirnhemisphäre.

Die Genetik spielt eine Rolle

Die Händigkeit eines Menschen ist genetisch festgelegt. Die sichtbare Ausprägung der Händigkeit ist dagegen zum größten Teil eine Sache der Übung und des Gebrauchs. Ein potenzieller Linkshänder kann zwar lernen, mit der rechten Hand zu schreiben oder den Bogen einer Geige zu führen. Dennoch bleibt er, auch wenn ihm das besser oder schlechter mit der rechten Hand gelingt, immer noch ein Linkshänder.

Heute gehen die Neurophysiologen weitgehend davon aus, dass die gesamte Lateralitätsstruktur genetisch festgelegt ist. Schon vor der Geburt steht fest, in welcher Gehirnhälfte sich das Sprachzentrum entwickelt und welche Hand später einmal die geschicktere sein wird. Dabei ist es wahrscheinlich, dass sowohl bei Linkshändern als auch bei Rechtshändern das Sprachzentrum in der linken Hemisphäre angelegt ist.

Dies muss aber nicht immer so sein. Es gibt Linkshänder, bei denen das Sprachzentrum in der rechten Gehirnhälfte liegt.

tipp

In der Schule sollte berücksichtigt werden, dass es bei linkshändigen Kindern wichtig ist, sie mit der linken Hand schreiben zu lassen, da es sonst zu Störungen zwischen den beiden Gehirnhälften und zu Über- bzw. Unterbelastung der nicht dominanten bzw. dominanten Gehirnhälfte kommt.

auf den punkt gebracht

Links- oder Rechtshändigkeit ist ein wichtiger Bestandteil der Seitigkeit (Lateralität) eines Menschen. Bei allen paarig angelegten Organen des Menschen kann eines der Organe mehr oder weniger überlegen (dominant) sein.

Bei vielen Kindern ist die Rechts- oder Linkshändigkeit von Anfang an festgelegt. Bei manchen Kindern entwickelt sich die Lateralität erst im Laufe der ersten Lebensjahre. Womit dies zusammenhängt, ist heute noch nicht wissenschaftlich abgesichert. Fest steht jedoch, dass die Hand von der gegenüber liegenden Großhirnhälfte (Hemisphäre) gesteuert wird.

Die rechts orientierte Umwelt erschwert in vielen Fällen links veranlagten Menschen die volle Entfaltungsmöglichkeit ihrer Seitigkeit.

Deswegen benötigen Linkshänder in besonderem Maß pädagogische Ermutigung und praktische Hilfen, um sich anlagemäßig gesund entwickeln und ihre Begabungen und Fähigkeiten verwirklichen zu können.

erscheinungsformen der linkshändigkeit

An der Vererbung von Linkshändigkeit wird heutzutage nicht mehr gezweifelt. Der Vererbungsmechanismus ist jedoch sehr kompliziert. Untersuchungen an Schwangeren, die von den amerikanischen Wissenschaftlern A. Gesell und L.B. Ames durchgeführt wurden, haben erkennen lassen, dass die Händigkeit beim ungeborenen Kind vorausgesagt werden kann.

So lässt sich bereits während der 28. Schwangerschaftswoche bei dem Fetus der so genannte tonische Nackenreflex beobachten, der in der 20. Woche nach der Geburt wieder erlischt. Diesem Phänomen zufolge werden bei der Drehung des Kopfes nach einer Seite Arm und Bein dieser Körperseite gestreckt, die beiden anderen Extremitäten hingegen werden gebeugt.

Und unter allem diesem Volk waren siebenhundert Mann auserlesen, die link waren und konnten mit der Schleuder ein Haar treffen, dass sie nicht fehleten.
(Buch der Richter 20, 16)

Gesell und Ames konnten weiterhin beobachten, dass die Streckreflexrichtung mit der Händigkeit der gleichen Seite identisch war. Die Händigkeit der Linkshänder konnte somit anhand des linken tonischen Nackenreflexes vorausgesagt werden.

Damit scheint die Händigkeit weitgehend von Geburt an vorbestimmt zu sein und nicht etwa, einer weit verbreiteten Ansicht zufolge, durch Anpassung an die Umgebung oder durch kulturelle Einflüsse zustande zu kommen.

Statistische Schwierigkeiten bei der Erfassung der Linkshändigkeit

In einer Untersuchungsreihe, die der Tscheche **M. Sovak** 1962 mit 1000 Kindern im Hinblick auf ihre Händigkeit durchführte, konnte gezeigt werden, dass die Erbanlagen zur Rechts- und Linkshändigkeit offensichtlich auch heute noch weitgehend gleichmäßig verteilt sind. Nach Auffassung von Sovak hat sich das Verhältnis von Rechtshändigkeit zu Linkshändigkeit durch die rechtshändig orientierte Zivilisation nur scheinbar »nach rechts« verschoben. Die Bevorzugung der linken Hand ist somit keine »schlechte Angewohnheit«, sondern genetisch bedingt.

Diese These wird von der in München praktizierenden Psychologin und approbierten Psychotherapeutin **Dr. Johanna Barbara Sattler**, Leiterin der Ersten deutschen Beratungs- und Informationsstelle für Linkshänder und umgeschulte Linkshänder, bestätigt: »Es gibt zahlreiche statistische Untersuchungen, nach denen die Auftretungshäufigkeit der Linkshändigkeit in der Bevölkerung unterschiedlich eingeschätzt wird. Sie bewegt sich zwischen 5 und 25%, und es bestehen Hypothesen, wonach auch ein 50%iger Bevölkerungsanteil für wahrscheinlich gehalten wird. Ausschlaggebend für die unterschiedlichen Ergebnisse ist die Bestimmung, bei welchen Tätigkeiten und ab welchem Ausprägungsgrad man von Linkshändigkeit spricht.«

Unter welchen Gesichtspunkten lässt sich nun im erweiterten Sinn von einem Linkshänder sprechen?

Die Psychologin **Josefine Kramer** bezeichnet einen Menschen dann als Linkshänder, wenn er mit der linken Hand bessere Leistungen als mit seiner rechten Hand vollbringt bzw. wenn er bei Tätigkeiten, die hohe Genauigkeit und eine gute Koordination der Bewegungen verlangen sowie vorwiegend Kraft beanspruchen und bei denen das Tempo beschleunigt ist, die linke Hand bevorzugt.

Welche Typen von Linkshändern gibt es?

Ausprägungsgrade von Linkshändigkeit

1. **Genotypische Linkshänder, d.h. erbmäßige Linkshänder:**

- Linkshänder, die links schreiben und eine Vielzahl von Tätigkeiten links verrichten. Bei diesen Menschen wurde keine Umschulung durchgeführt, bzw. sie haben sich gegen diese erfolgreich gewehrt.
- Linkshänder, die rechts schreiben, aber viele Tätigkeiten links verrichten – manchmal auch »Pseudorechtshänder« genannt. Hier kommt es häufig zu Primärstörungen im Gehirn und bei der Äußerung von Denkleistungen zu Sekundärstörungen durch die falsche Verarbeitung.
- Linkshänder, die rechts schreiben und einen großen Teil der der direkten Erziehung unterworfenen Tätigkeiten (Essen, Malen, Zeichnen, Schneiden) mit der rechten Hand machen. Diese Menschen können nur durch sehr genaue Testmethoden als Linkshänder identifiziert werden; sie zeigen oft auch die durch Umschulung hervorgerufenen Primär- und Sekundärfolgen in unterschiedlicher Ausprägung.

Je toleranter die Gesellschaft der freien Ausübung der Linkshändigkeit gegenübersteht, umso höher ist der Prozentsatz an nicht umgeschulten Linkshändern (in den USA rund 25%) und entsprechend niedriger ist auf der anderen Seite auch der Prozentsatz der Kinder mit Lese-Rechtschreib-Schwierigkeiten und Konzentrationsstörungen.

Wussten Sie, dass ...

... Friedrich der Große (1740–1786) von den Soldaten seiner Armee verlangte, dass jeder das Gewehr »wegen der Ordnung« in der Rechten halte? Die Zahl der linkshändigen Deserteure soll sehr hoch gewesen sein.

2. **Zwangslinkshänder:**

- Zwangslinkshändigkeit liegt vor, wenn eine Person die rechte Hand verloren hat und nur noch die linke zur Verfügung bleibt. Auch hier treten häufig die primären und sekundären Umschulungsfolgen auf. Auch ein Gehirnschlag oder ein Tumor in der linken Gehirnhälfte kann dazu führen.

3. **Pathologische Linkshänder:**

- Personen mit so genannter pathologischer Linkshändigkeit. Bei ihnen ist bereits bei der Geburt die linke Gehirnhemisphäre krankhaft gestört.

4. **Pseudolinkshänder:**

- umgeschulte Rechtshänder, sehr selten. Auch sie zeigen primäre und sekundäre Umschulungsfolgen.

auf den punkt gebracht

An der Vererbung der Linkshändigkeit besteht aus wissenschaftlicher Sicht heute kein Zweifel mehr. Unklar ist nach wie vor die Häufigkeit des Auftretens der Linkshändigkeit in der Bevölkerung, weil noch unterschiedlich definiert ist, ab wann von Linkshändigkeit gesprochen werden kann. Man kann folgende Linkshändertypen unterscheiden:

- **erbmäßige Linkshänder**
- **Zwangslinkshänder**
- **pathologische Linkshänder und**
- **Pseudolinkshänder**

testmethoden

zur bestimmung der seitigkeiten

Heutzutage wird durch verschiedene Testmethoden und Testreihen die Händigkeit mehr oder weniger genau ermittelt.

Die »Erste deutsche Beratungsstelle für Linkshänder und umgeschulte Linkshänder« in München hat eine breite Untersuchungsmethodik entwickelt, um die Händigkeit genau festzustellen. Die entsprechenden Tests empfehlen sich für Schulanfänger und erwachsene Menschen, die eindeutige Klarheit über ihre Händigkeit haben wollen.

Inzwischen wurden zur Festlegung der Händigkeit auch Computertests entwickelt, die aber bisher noch nicht normiert sind.

In diesem Kapitel sollen Untersuchungsmethoden vorgestellt werden, die eine grobe Einschätzung der Seitigkeit ermöglichen.

Wären rechts und links nicht der Verkehrsregelung und dem irdischen und himmlischen Zeremoniell überlassen worden, hätten Philosophie und Wissenschaft verstanden, sie richtig zu gebrauchen. (Silvio Ceccato, *1914, italienischer Kybernetiker, Journalist und Schriftsteller)

Überprüfen der Händigkeit durch Beobachtung, Spiele und Tests

1. Methode der freien Beobachtung (nach J. Kramer)

Einfache Händigkeitstests können im Kindergarten und in der Schule von den Erziehern und Betreuern selbst durchgeführt werden, indem sie sorgfältig darauf achten, mit welcher Hand sich das betreffende Kind meldet, mit welcher Hand es die Türe oder das Fenster öffnet, einen Lichtschalter bedient oder mit welcher Hand es Modellierarbeiten ausführt.

Aufschlussreich sind weiterhin Beobachtungen im Hinblick darauf, mit welcher Hand das Kind einen Schraubenzieher betätigt und eine Häkelnadel gebraucht. Es ist wichtig festzustellen, in welcher Hand das Kind das Messer und die Gabel hält (Zerschneiden der Nahrung und Zuführen zum Mund), das Messer ohne Gabel benutzt (z.B. Butter auf Brot schmieren) und ausschließlich die Gabel verwendet.

Bevor man sich selbst als Bezugsperson (z.B. in der Funktion als Erzieher oder Lehrer) ein Bild von der Händigkeit eines Kindes macht, ist es ratsam, sich über ein mögliches Auftreten von Linkshändigkeit in dessen Verwandtschaftskreis zu informieren. Zudem sollten von den Eltern Auskünfte eingeholt werden in Bezug auf die Händigkeitsentwicklung ihres Kindes.

Wussten Sie, dass …

… man im alten Rom die linke Hand bei Diebstählen (**Ovidius**, 43 v.Chr. bis 17 n.Chr.) benutzte: „… natae ad furta sinistrae"?

Dabei sind besonders die frühen Kindheitsjahre von Interesse. Diesbezüglich können Kinderfotos und gegebenenfalls auch Videobänder von den Kindern aufschlussreich sein.

Es sollte auch danach gefragt werden, welche Hand das Kind vorwiegend für bestimmte Tätigkeiten des täglichen Lebens einsetzt (z.B. Zähne putzen, Haare kämmen, Schuhe putzen, Reinigen der Fingernägel, Greifbewegungen, Ausschneiden mit der Schere, Geschirr abtrocknen usw.).

2. Beobachtung der Händigkeit beim Spielen (nach J. Kramer)

Beim Spielen eines Kindes bietet sich hinreichend Gelegenheit zu beobachten, mit welcher Hand feinmotorische Bewegungen bevorzugt ausgeführt werden (z.B. beim LEGO-Spiel oder beim Turmbau mit Klötzen oder bei der Benutzung von Blei- und Farbstiften). Es sollte auch darauf geachtet werden, welche Hand ein Kind benutzt, wenn es auf Spielgefährten einschlägt, mit welcher Hand es sich schützt (»Hand vor das Gesicht halten«) bzw. Schläge abwehrt (»Arm hochreißen«).

Die Psychologin J. Kramer hält Spiele, bei denen nur eine Hand aktiv ist, während die andere einen Gegenstand hält, erfahrungsgemäß für geeignet, um die Händigkeit bei Kindern festzustellen.

Dabei unterscheidet sie drei Spielarten:

- Spiele, bei denen das Kind Kraft aufwenden muss (z.B. Einhämmern von Holzstiften in eine durchlöcherte Holzplatte; Flohspiel; Ball werfen; Zusammensetzen eines Bildes aus Mosaiksteinchen, die kräftig eingedrückt werden müssen).
- Spiele, bei denen Geschicklichkeit verlangt wird (Mikado-Spiel, gezieltes Pfeilwerfen).

- Spiele, die schnelles Reagieren voraussetzen (wie z.B. das Spitz-pass-auf-Spiel).

Bei dem zuletzt genannten Spiel hält jeder Mitspieler eine Mäuschenfigur an einer langen Schnur. Ein Kind, das den Spitz darstellt, würfelt. Wenn nun auf dem Würfel die vereinbarte Augenzahl erscheint, müssen alle Mäuschen schnell weggezogen werden. Der »Spitz« versucht nämlich, geschwind einen Becher über die Mäuse zu stülpen. Der Linkshänder wird natürlich in einem solchen Fall seine linke Hand benutzen, besonders wenn er die Rolle des »Spitzes« spielt.

Wussten Sie, dass ...

... man in den alten **hebräischen Schriften** dem Terminus »Linkshänder« auswich, indem man die Bezeichnung »auf der rechten Hand ungeschickt« wählte?

Weiterhin empfiehlt J. Kramer das Fischerspiel.

Hierbei sitzen die Kinder kreisförmig um einen Tisch, wobei jedes Kind seine Hand flach auf den Tisch legt. Ein Kind, das den »Fischer« spielt, steht während des Spiels und fährt in einer gewissen Höhe über die Hände hin und her. Dazu wird gesagt:

»Ich fische, ich fische den ganzen Tag und habe noch kein Fischlein gefangen.« Mit der letzten Silbe, die etwas gedehnt gesprochen wird, versucht der »Fischer«, plötzlich eine der Hände zu treffen. Da der »Fischer« sehr schnell und unberechenbar reagiert, müssen die Kinder die Hände schnell unter dem Tisch verschwinden lassen. Wird eine Hand getroffen, so darf das betreffende Kind nicht mehr mitspielen. Der linkshändige »Fischer« wird natürlich seine linke Hand zum Fischen benutzen.

3. Prüfung der Händigkeit

Untersuchungsmethode nach J. Kramer

a) Man lässt einen rollenden Gegenstand auf den Boden fallen und beobachtet, mit welcher Hand das Kind ihn ergreift.

b) Das Kind wird aufgefordert, ein in der Nähe liegendes, ziemlich schweres Buch zu holen.

c) Die Versuchsperson soll durcheinander liegende Buchstaben sortieren. Es wird darauf geachtet, ob eventuell mit beiden Händen gearbeitet wird und mit welcher Hand rascher und geschickter umgegangen wird.

d) Von einer ziemlich fest geschlossenen Dose ist der Deckel abzunehmen.

e) Man lässt die Wandtafel wischen, oder das Kind radiert Striche auf einem Bogen Papier aus.

f) Man beobachtet das Kind, wenn es die Nagelbürste mit der linken und der rechten Hand benutzt. Von der Führungshand geht stets die Bewegung aus.

g) Man lässt vorgezeichnete Kreise und Quadrate ausschneiden.

h) Das Kind zündet ein Streichholz an. Wird der Vorgang mit der rechten Hand ausgeführt, wiederholt man ihn in einem gewissen Zeitabstand.

i) Das Kind spitzt Bleistifte an.

j) Die Versuchsperson holt in einer Kanne Wasser und gießt es in ein Becken bzw. begießt damit die Blumen.

k) Zwei Versuchspersonen werfen sich gegenseitig einen Ball mehrfach zu. Zwischendurch wird der Ball gezielt gegen einen bestimmten Gegenstand gerollt. Jede Versuchsperson wirft den Ball kräftig auf den Boden, sodass er möglichst hoch springt.

l) Das Kind hantiert mit einem Spiel, wobei es auch einen Hammer benutzen muss.

m) Farbige Perlen werden auf eine Plastikschnur gefädelt.

n) Das Kind wird veranlasst, eine Zeichnung nach freier Wahl anzufertigen. Man beobachtet, welche Hand dabei benutzt wird. Dieselbe Zeichnung lässt man anschließend mit der entsprechend anderen Hand ausführen.

Man misst die Anzahl der Bevorzugungen für jede Hand, aus deren Differenz sich die Händigkeit ergibt. Es sollte jedoch berücksichtigt werden, dass umgeschulte Linkshänder sich oft große Mühe geben, rechtshändig gut und geschickt zu reagieren. Darum ist es angebracht, mehrere Testaufgaben anzuwenden.

Untersuchungsmethode nach Fischer und Kohenof

Um das Verhalten beim Gebrauch von Händen und Armen zu beobachten, lassen sich folgende Tätigkeiten durchführen.

a) **Klopfen:** Das Kind steht vor einem Tisch und lässt die Arme hängen, ohne dass es mit dem Tisch in Berührung kommt. Es soll nun so auf den Tisch klopfen, als ob es an eine Tür klopfen würde. Man notiert, welche Hand es dabei verwendet.

b) **Zähne putzen:** gleiche Ausgangssituation wie für Punkt a. Das Kind ergreift die Zahnbürste, die genau senkrecht vor ihm auf dem Tisch liegt. Es deutet an, wie es sich die Zähne putzen würde. Die Hand, die die Zahnbürste hält, wird notiert.

c) **Bleistift aufheben:** gleiche Ausgangssituation wie für Punkt a. Das Kind ergreift den Bleistift, der sich genau senkrecht vor ihm auf dem Tisch befindet. Es legt den Bleistift an einer anderen Stelle nieder. Man notiert, welche Hand dazu benutzt wurde.

d) **Kämmen:** gleiche Ausgangssituation wie für Punkt a. Das Kind soll einen auf dem Tisch liegenden Kamm ergreifen und sich damit kämmen. Man vermerkt, welche Hand es dazu verwendet.

e) **Ball werfen:** gleiche Ausgangssituation wie für Punkt a. Das Kind ergreift einen vor ihm liegenden Ball und wirft ihn weg. Die Wurfhand wird notiert.

f) **Striche ausradieren:** gleiche Ausgangssituation wie für Punkt a. Auf dem Tisch liegen ein Radiergummi und ein Stück Papier mit aufgezeichneten Strichen. Das Kind wird aufgefordert, die Striche auszuradieren. Man notiert, mit welcher Hand das Kind den Radiergummi führt.

g) **Papier zerreißen:** Das Kind soll ein Stück Papier möglichst gerade zerreißen. Das Papier darf dabei nicht auf den Tisch gelegt werden (es kann jedoch vorher gefaltet werden). Erfolgt das Zerreißen so rasch, dass die Verhaltensbeobachtung undeutlich wird, fordert man das Kind auf, es noch einmal langsam zu wiederholen. Eine Hand hält das Papier, die andere reißt. Man notiert die Hand, die die Reißbewegung durchführt.

4. Protokollbogen zur Bestimmung der Händigkeit (von Dr. J.B. Sattler)

Der Protokollbogen unterscheidet differenzierter die verschiedenen Tätigkeiten unter dem Gesichtspunkt der heutigen Einstellung zur Linkshändigkeit.

Eltern neigen immer noch dazu, an der Linkshändigkeit ihres Kindes zu zweifeln, wenn dieses hin und wieder etwas mit der rechten Hand ausführt; manchmal nehmen sie sogar überhaupt nicht wahr, wie relativ selten dies gegenüber linkshändigem Hantieren geschieht. Weiter machen viele Eltern auch keinen Unterschied zwischen der Gewichtung von verschiedenen Tätigkeiten zur Bestimmung der Händigkeit.

Ein Kind richtet sich z.B. bei Tätigkeiten wie Essen, Schneiden und Schreiben weit eher nach der »rechtshändigen Norm« als z.B. bei durch Erziehung oder gebrauchsbestimmtes Handwerkszeug nicht vorgegebenen Tätigkeiten, wie kreiseln, Zähne putzen, etwas aufheben. Daher unterscheidet der Protokollbogen drei Kategorien von Tätigkeiten (a, b, c), die mehr oder weniger durch Außeneinflüsse und nicht linkshandgerechtes Handwerkszeug geprägt sind.

Entsprechend ist die Gewichtung der unter Punkt a zusammengefassten Tätigkeiten, die sehr spontane und von der Erziehung und Umwelt relativ wenig geprägte Tätigkeiten beinhalten, höher für die Bestimmung für Linkshändigkeit des Kindes zu bewerten als die unter Punkt b durch Erziehung und Nachahmung und unter Punkt c durch technische Vorrichtungen geprägten Tätigkeiten.

Bei einem Ansteigen der Toleranz der Gesellschaft gegenüber der Linkshändigkeit werden sich auch die Bewertungen der drei Kategorien ändern.

Zur Bewertung: Bei unklarer Händigkeit sollten Fachleute hinzugezogen werden, die sich speziell mit Fragen der Händigkeitsbestimmung auseinandersetzen und möglichst eine Zusatzqualifikation zum zertifizierten Linkshänder-Berater absolviert haben (Ansprechpartner im ganzen deutschsprachigen Raum sind in der Ersten deutschen Beratungs- und Informationsstelle für Linkshänder und umgeschulte Linkshänder zu erfragen).

Protokollbogen
zur Bestimmung der Händigkeit
von Dr. J. B. Sattler

Bei welcher der folgenden Tätigkeiten bzw. bei welchen Geräten wird die linke, rechte Hand bevorzugt oder werden beide Hände eingesetzt?

a) Sehr spontane, von der Erziehung/Umwelt nicht bzw. kaum geprägte Tätigkeiten:

	linke Hand	beide Hände	rechte Hand
Kämmen	❍	❍	❍
Zähne putzen	❍	❍	❍
Würfeln	❍	❍	❍
Kreiseln	❍	❍	❍
Tragen (wenn das Kind nicht an der Hand geführt wird)	❍	❍	❍
Blumen gießen	❍	❍	❍
Aufheben	❍	❍	❍
Hämmern	❍	❍	❍
Schraubenzieher	❍	❍	❍
Telefonhörer halten bei Kindern vor Schuleintritt	❍	❍	❍
sich melden im Unterricht	❍	❍	❍
Anzahl der Kreuze pro Spalte	...	...	...

mit Bauklötzen einen Turm bauen

Führungshand ❍ mal links ❍ mal rechts

(Mitzählen, mit welcher Hand Bauklötze genommen und aufgestellt werden)

b) Durch Erziehung und Nachahmung geprägte und beeinflusste Tätigkeiten:

	linke Hand	beide Hände	rechte Hand
Schreiben	❍	❍	❍
Zeichnen/Malen	❍	❍	❍
Werfen	❍	❍	❍
Tennis	❍	❍	❍
Tischtennis/Federball	❍	❍	❍
Messer zusammen mit Gabel benutzen	❍	❍	❍
Messer ohne Gabel benutzen (z.B. beim Brotstreichen)	❍	❍	❍
Gabel ohne Messer benutzen	❍	❍	❍
Löffel benutzen	❍	❍	❍
Handgeben, spontan als kleines Kind	❍	❍	❍
Anzahl der Kreuze pro Spalte	...	...	...

c) Durch technische Vorrichtungen geprägte Tätigkeiten und fehlende linkshandgerechte Produkte:

	linke Hand	beide Hände	rechte Hand
Schere	❍	❍	❍
Kartoffelschäler	❍	❍	❍
Dosenöffner	❍	❍	❍
Korkenzieher	❍	❍	❍
Telefonhörer (Notizen mit anderer Hand)	❍	❍	❍
Bügeleisen	❍	❍	❍
Anzahl der Kreuze pro Spalte	...	...	...
Gesamtzahl der Kreuze pro Spalte (aus a, b, c)	...	...	...

Seit wann ist Linkshändigkeit bei dem Kind aufgefallen?

❍ ab ca. 12 Monaten bis 3 Jahre

❍ 3–4 Jahre

❍ 5–7 Jahre

5. Prüfung der Händigkeit mit Zeitmessung

Die anlagebedingt dominante Hand führt Tätigkeiten meist nicht nur leichter und besser aus als die »untergeordnete« Hand, sondern sie benötigt auch weniger Zeit für deren Durchführung.

Im Folgenden werden verschiedene Tests vorgestellt, mit denen sich Schnelligkeit und Gewandtheit in der Ausführung von Bewegungen überprüfen lassen.

Jede der folgenden Aufgaben wird von dem Kind zuerst mit der rechten, dann mit der linken Hand ausgeführt. Dabei misst man jedes Mal mit der Stoppuhr auf Sekunden genau die Zeit, die für die Ausführung benötigt wird. Es lässt sich auch die in einer bestimmten Anzahl von Sekunden geleistete Arbeit jeder Hand festhalten.

Vor jeder Aufgabe wird das Kind aufs Neue gebeten, so schnell und korrekt wie möglich zu arbeiten.

Punktiertest nach Binet und Vaschide

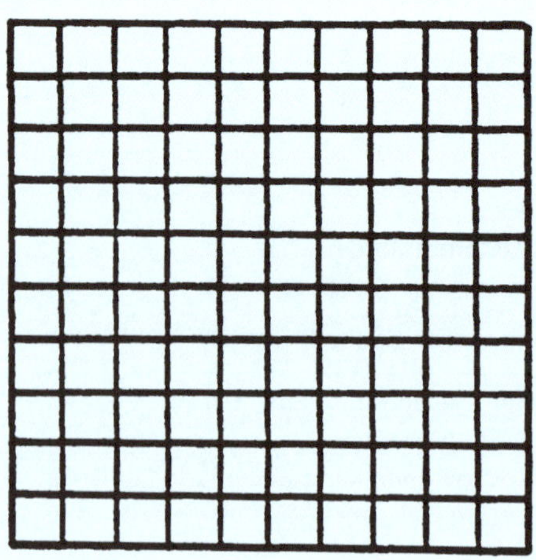

Blatt mit 100 Quadraten (verkleinert)

Verwendet werden zwei Papierbögen von 20 cm Seitenlänge. In der Mitte jedes Bogens ist ein Netz von 100 Quadraten aufgedruckt, von denen jedes 1 cm misst. Ferner benötigt man einen Bleistift und eine Stoppuhr.

Das Kind sitzt am Tisch vor dem Versuchsblatt und hält den Bleistift ziemlich kräftig in seiner rechten Hand. Dann teilt man ihm mit: »Es soll die Geschwindigkeit deiner rechten Hand geprüft werden. Versuche, so schnell wie möglich in jedes Quadrat einen Punkt mit dem Bleistift zu setzen. Du beginnst dabei mit dem äußersten Quadrat links oben. Wenn du die Reihe hindurch zu dem äußersten Quadrat rechts oben angelangt bist, fährst du mit dem unmittelbar darunter liegenden Quadrat fort und punktierst so die zweite Reihe von rechts nach links durch. Dann folgt die dritte Reihe von links nach rechts usw., jeweils ununterbrochen bis zum letzten Quadrat. Achte jedoch darauf, dass du in jedes Quadrat nur einen Punkt setzt und dass kein Quadrat übersprungen wird.«
(Der Versuch wird ebenso mit der linken Hand durchgeführt.)

Hand-Dominanz-Test von Steingrüber und Lienert

(nach Steingrüber, H.-J., und Lienert, G. A.: Hand-Dominanz-Test [H-D-T]. Göttingen 1973)

Dieser Test besteht aus 3 Teilen, nämlich dem Spurennachzeichnen, dem Kreisepunktieren und dem Quadratepunktieren.

Bei dem Spurennachzeichnen werden Doppellinienmuster mit einem Bleistift durchfahren (»Tracing«). Die Testdauer beträgt für Kinder bis zwölf Jahre für jede Hand 30 Sekunden. Die erreichte Streckenlänge stellt den Messwert dar.

Dieser Händetest ist für Kinder gedacht. Er kann aber auch bei Jugendlichen und Erwachsenen benutzt werden, wobei die Zeit auf zwölf Sekunden für jede Hand zu begrenzen ist.

Die normierte Testauswertung berücksichtigt jedoch leider keine umgeschulten Linkshänder und Erwachsene.

Die Testdurchführung ist für interessierte Laien und Lehrer zwar sehr interessant zu beobachten, aber um genaue Aussagen machen zu können, braucht der Versuchsleiter viele Vergleichs- und Erfahrungswerte mit Linkshändern und umgeschulten Linkshändern.

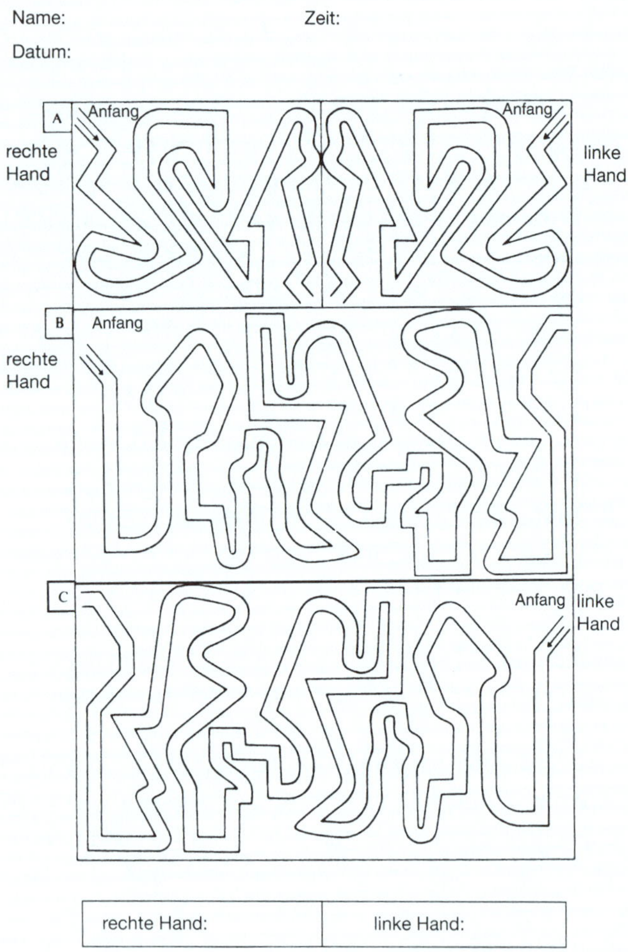

Untertest »Spurennachzeichnen« zum Hand-Dominanz-Test (H-D-T) von Steingrüber und Lienert. Durchfahren von Doppellinienmustern mit einem Bleistift (»Tracing«). Die Abbildung zeigt ein verkleinertes Testblatt.

Leistungs-Dominanz-Test von E. Schilling

Bei diesem Test müssen die Versuchspersonen nacheinander mit beiden Händen jeweils 150 Kreise, welche zu einem Hampelmann angeordnet sind, mit Hilfe eines Spezialstiftes punktieren. An den beiden Kreisen der Abbildungsvorlage kann das Punktieren eingeübt werden.

Gemessen wird die Zeit, die die Versuchsperson für die Durchführung benötigt.

Testbogen des Leistungs-Dominanz-Tests
(verkleinerte Wiedergabe)

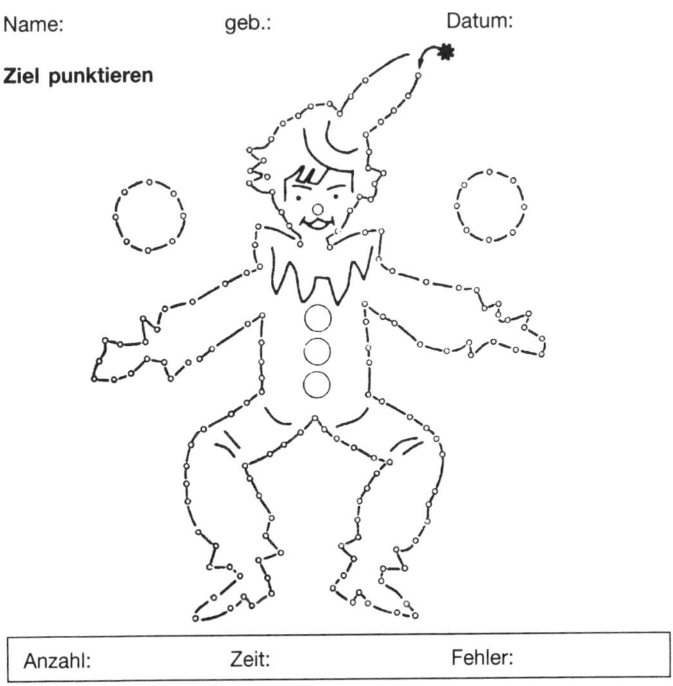

6. Beobachtung beim Zeichnen

Für eine Bewertung wird sowohl die Art und Weise des Zeichnens als auch die Zeichnung selbst in Betracht gezogen.

Dabei soll das Kind möglichst ungezwungen zeichnen und das darstellen, was seiner Fantasie entspricht. Das Kind wird vorher darauf aufmerksam gemacht, dass es mit der Hand zeichnen kann, mit der es ihm am leichtesten fällt. Auch sollte darauf hingewiesen werden, dass während des Zeichnens die Hand gewechselt werden kann.

Dem Kind stehen Papier, einige Bleistifte (weiche und harte), Farbstifte, Radiergummi und Lineal zur Verfügung. Dadurch, dass es nach mehreren Gegenständen greifen kann, lässt sich feststellen, welche Hand dazu jeweils benutzt wird.

Das Zeichenmaterial sollte zu Beginn möglichst in der Mitte vor dem Kind liegen, so dass es von beiden Händen gleich weit entfernt ist.

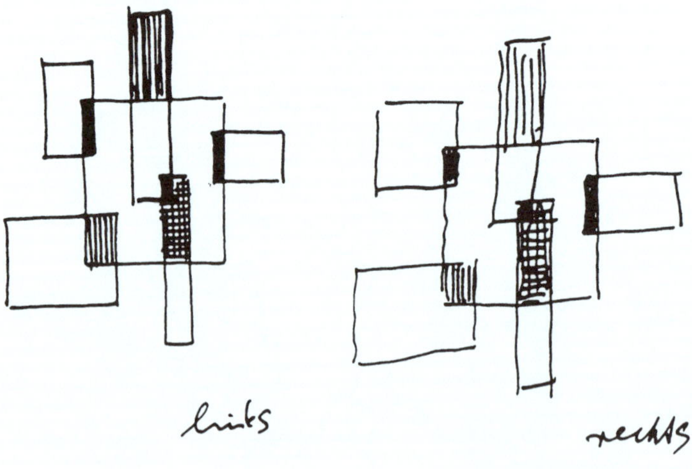

Zeichnungen eines 65-jährigen Linkshänders, der in der Grundschule lernen musste, auch mit rechts zu schreiben. Nach eigener Aussage vermag er mit der linken Hand korrekt Spiegelschrift zu schreiben.

Darstellung einer 39-jährigen umgeschulten Linkshänderin. Sie wurde in ihrer Kindheit vom Elternhaus und in der Grundschule zur Umschulung auf Rechtshändigkeit gezwungen.

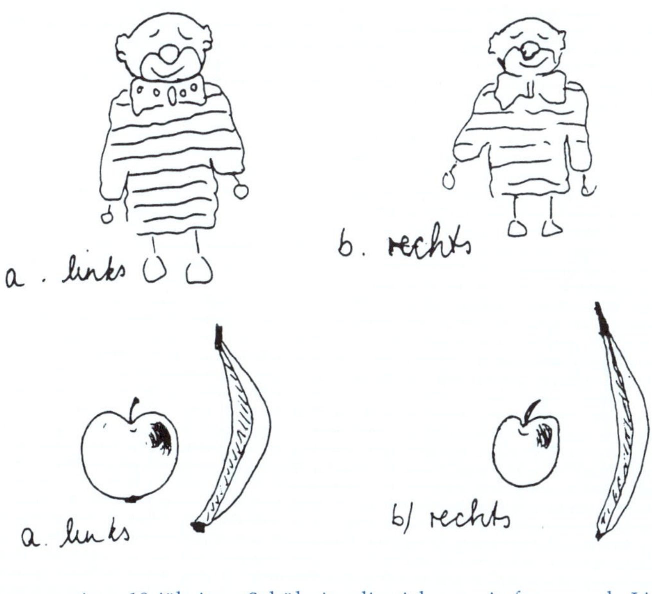

Zeichnungen einer 18-jährigen Schülerin, die sich von Anfang an als Linkshänderin frei entfalten konnte.

Darstellungen eines sechsjährigen Linkshänders (linke Spalte mit der linken Hand und rechte Spalte mit der rechten Hand gezeichnet).

7. Beobachtung beim Schreiben

Eine Beobachtungsmöglichkeit besteht darin, dass man das Kind schreiben lässt und seine Schreibhand während der Tätigkeit beobachtet und dann das Schreibresultat analysiert. Doch hier muss vor einer selbst für Fachleute oft schwer einzuordnenden Problematik gewarnt werden.

Es gibt feinmotorische Störungen, die nicht mit einer Umstellung des Handgebrauchs zusammenhängen, und daher ist eine Beobachtung des Schreibens nur dann aussagekräftig, wenn sichergestellt ist, dass das Kind keine derartige feinmotorische Störung hat.

Solche feinmotorischen Störungen können mit Sauerstoffmangel bei der Geburt oder mit vorgeburtlicher Schädigung zusammenhängen, die auch bei einer normal verlaufenden Schwangerschaft unbemerkt auftreten können.

Die Diagnose ist nicht einfach und wird heute unter »MCD« (Minimale zerebrale Dysfunktion), ADS (Aufmerksamkeits-Defizit-Syndrom) oder »Teilleistungsstörungen in der Schule« eingeordnet. Hier abzugrenzen zwischen Folgen einer Umschulung der Händigkeit und aus anderen Ursachen stammenden Teilleistungsstörungen ist sehr schwer und kann nur von Fachleuten vorgenommen werden. Hinweise auf eine MCD sind jedoch in solchen Fällen gegeben, wo frühzeitig logopädische Behandlungen und Bewegungstherapien bei Kindern notwendig wurden. Diese minimalen Störungen wirken sich nicht auf die Intelligenz aus, können aber zu Fehldiagnosen bei der Bestimmung der Händigkeit führen, besonders bei Kindern, deren Händigkeit nicht klar erkennbar ist und wenn die Händigkeit dann über die Schrift geklärt werden sollte. (Dr. J. B. Sattler)

Ist eine MCD mit hoher Wahrscheinlichkeit auszuschließen, so gilt das Folgende:

- Zur Beobachtung der Schreibhand ist dann wichtig, dass die beobachtete Person für einige Zeit schreibt. Es genügt nicht, dass man nur den Namen mit der linken und der rechten Hand schreiben lässt.

Beim nicht umgeschulten Linkshänder zeigt sich jedoch auch schon beim bloßen Schreiben des Namens ein Unterschied zwischen der linken und rechten Hand. Dies ist beim umgeschulten Linkshänder nicht immer der Fall. Ist er dahin gehend erzogen worden, nur die rechte Hand beim Schreiben zu benutzen, so wird er mit der linken Hand schwächere Leistungen aufweisen. Manche umgeschulte Linkshänder schreiben aber relativ schnell wieder gut mit der linken Hand.

- Es ist also wichtig, sich über die Händigkeitsentwicklung des Kindes zu informieren.

Die folgenden Abbildungen geben Schreibproben von nicht umgeschulten Linkshändern und einer umgeschulten Linkshänderin (schon seit Kindergartenzeit!) wieder.

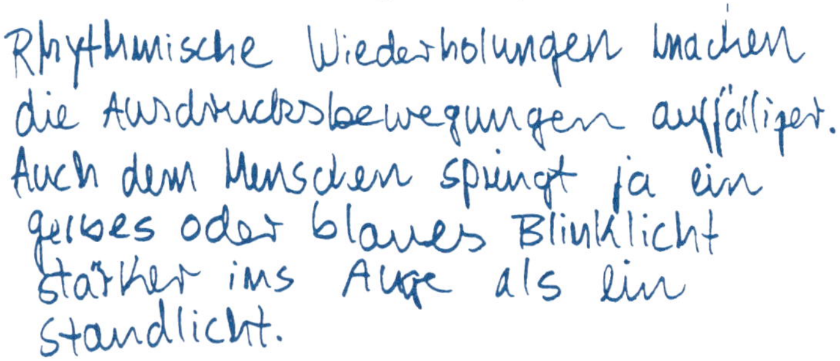

(Mit der linken Hand geschrieben)

(Mit der rechten Hand geschrieben, nach kurzer Zeit abgebrochen)

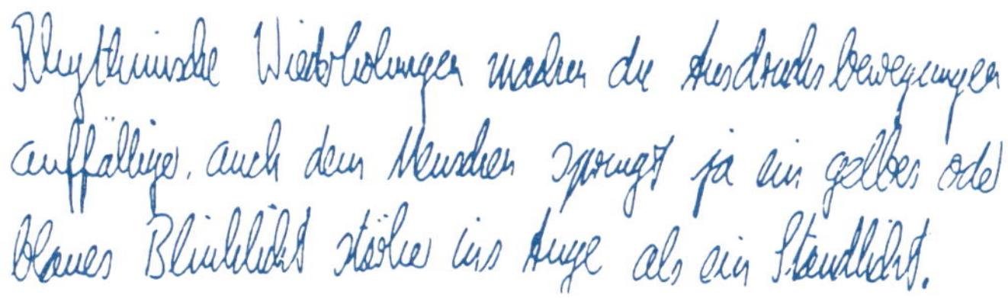

(Mit der linken Hand geschrieben)

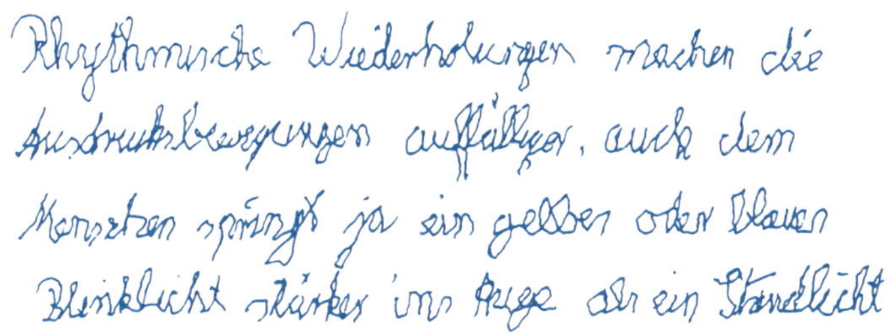

(Mit der rechten Hand geschrieben)

Schriftproben einer 17-jährigen Linkshänderin

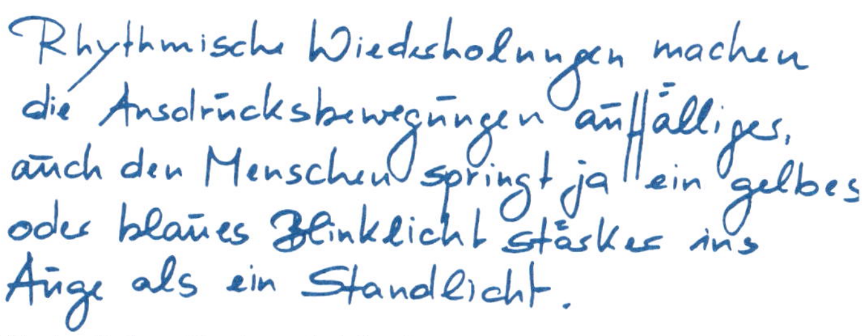

(Mit der linken Hand geschrieben)

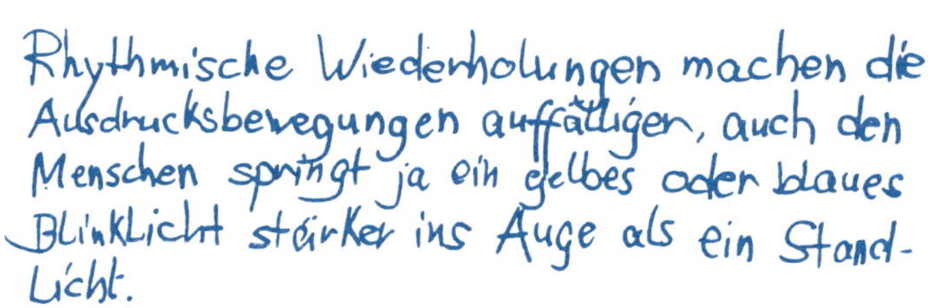

(Mit der rechten Hand geschrieben)

Schriftproben einer 39-jährigen umgeschulten Linkshänderin
(Die Umschulung auf Rechtshändigkeit erfolgte in früher Kindheit)

Weitere Seitigkeiten:

Leicht durchzuführen – Ermittlung der Füßigkeit

Zur Feststellung der Füßigkeit können verschiedene Einzeltests zusammengestellt werden, wie im Folgenden beispielhaft veranschaulicht wird. Die gewählten Tests sollten dem Alter der Versuchsperson angepasst sein.

a) **Schuhe abstreifen:** Das Kind stellt sich mit geschlossenen Füßen auf und streift sodann die Schuhe auf der Unterlage ab. Es wird notiert, welcher Fuß mit dem Abstreifen beginnt.

b) **Langer Schritt über ein Hindernis:** gleiche Ausgangssituation wie für Punkt a. Das Kind wird aufgefordert, einen großen Schritt über eine am Boden liegende Schachtel zu machen. Man notiert, mit welchem Fuß das Kind die Schachtel zuerst überschreitet.

c) **Stoß mit Kraft:** Ein Tennisball befindet sich vor den geschlossenen Füßen des Kindes. Es soll nun den Ball mit einem Fuß kräftig fortstoßen. Der Fuß, den das Kind dazu benutzt, wird notiert.

d) **Stoß mit Genauigkeit:** gleiche Ausgangssituation wie für Punkt c. Das Kind soll mit dem Tennisball ein nahes Ziel treffen. Der Fuß, den das Kind benutzt, wird notiert.

e) **Am Boden Linien ziehen:** gleiche Ausgangssituation wie für Punkt a. Das Kind wird aufgefordert, mit dem Fuß am Boden eine Linie zu ziehen. Es wird notiert, mit welchem Fuß diese Linie gezogen wird.

f) **Rhythmus klopfen:** gleiche Ausgangssituation wie für Punkt a. Das Kind soll mit der Schuhspitze oder mit dem Schuhabsatz eine ihm bekannte Melodie rhythmisch wiedergeben. Man notiert den Fuß, der den Rhythmus klopft.

g) **Mit geschlossenen Augen geradeaus gehen:** In einem großen Raum soll das Kind mit geschlossenen Augen auf einem vorher aufgezeigten Weg geradeaus gehen. Die Abweichung von dem geraden Weg (links oder rechts) wird notiert.

h) **Auf einem Bein hüpfen:** gleiche Ausgangssituation wie für Punkt a. Das Kind soll, auf einem Bein hüpfend, das Zimmer durchqueren. Das Bein, mit dem das Kind hüpft, wird notiert.

i) **Auf einen Stuhl steigen:** gleiche Ausgangssituation wie für Punkt a. Das Kind steht vor einem Stuhl, auf den es ohne Hilfe der Hände steigen soll. Der Fuß, mit dem das Kind zuerst auf den Stuhl steigt, wird notiert.

j) **Rückwärts vom Stuhl heruntersteigen:** Das Kind befindet sich mit geschlossenen Füßen auf dem Stuhl und soll rückwärts heruntersteigen. Es wird notiert, welchen Fuß es zuerst benutzt.

In der schulpsychologischen Praxis haben sich folgende Funktionsprüfungen bewährt, deren Durchführung nicht zu viel Zeit in Anspruch nimmt:

Das Kind soll zur Überprüfung der Füßigkeit zuerst mit dem linken, dann mit dem rechten Fuß hüpfen, so weit es kann. Mit dem bevorzugten Fuß hüpft das Kind weiter.

In einem anderen Test soll das Kind erst mit dem linken, dann mit dem rechten Fuß, von einer Start- zu einer Ziellinie hüpfend, eine Streichholzschachtel stoßen. Das Kind braucht für den bevorzugten Fuß weniger Zeit.

Man kann das Kind auch eine Stufe hinauf- oder hinuntersteigen lassen. Das Kind macht den ersten Schritt mit dem bevorzugten Bein.

Feststellen der Ohrigkeit und Äugigkeit ohne großen Aufwand

Zur Überprüfung der Ohrigkeit sitzt das Kind vor einem Tisch, wobei die Hände auf seinen Knien liegen. Das Kind wird aufgefordert, mit einem Ohr an einer Taschenuhr zu lauschen, die genau vor ihm auf dem Tisch liegt. Man notiert, mit welchem Ohr sich das Kind der Uhr nähert. Der Testleiter stellt sich hinter das Kind und flüstert etwas ganz leise. Das Kind dreht den Kopf mit dem dominanten Ohr nach hinten.

Einschränkung:

Allerdings besteht zwischen Ohrigkeit und Händigkeit kein direkter zerebraler Zusammenhang. Das bedeutet, man kann nicht einfach von der Ohrigkeit oder der Äugigkeit auf die Händigkeit eines Menschen schließen. Außerdem können schon Funktionsstörungen im Ohr, z.B. durch eine Mittelohrentzündung, die Ohrpräferenz beeinflussen.

Das Gleiche gilt für die Augen, bei denen es auch zu Irritationen im Auge oder bei zerebralen Wahrnehmungsabläufen kommen kann, die dann eine Messung der Äugigkeit verfälschen. Hinzu kommt, dass die Augen zwar paarig angelegt sind, aber einen Gegenstand gleichzeitig fixieren sollen. Tun sie das nicht, nennen wir das Schielen.

Die Wissenschaft ist in der letzten Zeit immer mehr zu der Erkenntnis gekommen, dass hier sehr unterschiedliche Dinge verglichen werden und eher keine sicheren Rückschlüsse von dem dominanten Ohr oder Auge auf die Händigkeit gezogen werden können.

Trotzdem noch einige Hinweise zur **Bestimmung der Äugigkeit**:

Zur Überprüfung der Äugigkeit wird aus einem Blatt Papier ein Fernrohr geformt. Das Kind wird aufgefordert, das Fernrohr mit ausgestrecktem Arm auf einen Gegenstand auf dem Tisch zu halten. Nun soll es einmal den Kopf dem Fernrohr nähern und ein anderes Mal das Fernrohr zum Auge führen, dabei aber gleichzeitig den Gegenstand fixieren. Das dominante Auge wird zum Fernrohr geführt.

In einem Detektivspiel wird das Kind aufgefordert, durch ein Loch in einer Zeitung irgendeine Handlung des Testleiters zu beobachten. Das Kind schaut dabei mit dem dominanten Auge durch das Loch.

Methode nach Leiser-Eggert (»Durch ein Loch schauen«)

a) Das Kind schaut durch die breite untere Öffnung eines Trichters auf ein Ziel. Die Stellung des Trichters zeigt an, welches Auge dabei auf das Ziel gerichtet ist.

b) Das Kind schaut durch das enge Loch eines Trichters. Man notiert, mit welchem Auge dies spontan geschieht.

c) Das Kind schaut durch ein winziges Loch in einem großen Papierbogen, anschließend blickt es durch ein Schlüsselloch. In beiden Fällen beobachtet man, mit welchem Auge dies erfolgt.

Wenn alle Aufgaben mit demselben Auge ausgeführt werden, ist eine weitere Überprüfung nicht nötig.

Methode nach J. Perret (»Ente-Hase-Test«)
(aus J. Kramer: Linkshändigkeit 1970, S. 91)

Das Kind schließt die Augen. Sodann wird die Ente-Hase-Abbildung in 60 cm Abstand vor ihm auf den Tisch gelegt. Man fordert das Kind nun auf, seine Augen zu öffnen und spontan zu äußern, was die Zeichnung darstellen könnte. Zögert das Kind, fragt man: »Was ist das für ein Tier?«

Der Rechtsäuger sieht zuerst die Ente, der Linksäuger erkennt zuerst den Hasen.

Ente – Hase

Dieser Test weist zusätzlich auf die Verarbeitungsstrukturen im menschlichen Gehirn hin, die mit unseren unterschiedlichen Arten der Auffassung der linken und rechten Seite zu tun haben. Die Wahrnehmungspsychologie legt nahe, dass hier auch ein Zusammenhang zur Links- bzw. Rechtshändigkeit sein kann und zu ihrer unterschiedlichen Art, Visuelles wahrzunehmen.

Oft nicht erkannt: Störung der Rechts-links-Orientierung

Im täglichen Leben begegnet man immer wieder Mitmenschen, die Probleme haben, rechts und links zu unterscheiden. Derartige Unterscheidungsschwächen machen sich z.B. nachteilig bemerkbar im Straßenverkehr, bei Wegbeschreibungen oder etwa bei der Orientierung in Räumlichkeiten.

Deshalb setzen Rechts-links-Schwache, zu denen auch oft umgeschulte Linkshänder zählen, in vielen Fällen kleine gedankliche Stützen und Hilfsmittel ein, um mit dieser Schwäche besser fertig zu werden (z.B. »Der linke Arm ist der Arm, an dem ich meine Uhr trage!«, Aufmalen eines L auf dem linken Handrücken, Fingernagelmarkierung mit Nagellack).

Das Gesetz der Ähnlichkeitshemmung

Bei Versuchen, den Kindern die Unterscheidung von links und rechts beizubringen, wird meist das Gesetz der Ähnlichkeitshemmung (Ranschburgsche Hemmung) nicht beachtet, d.h., in unmittelbar zeitlicher Nähe wird den Kindern gezeigt, was rechts und was links ist. Dabei werden in schneller Abfolge Hinweise und Fragen an das Kind gerichtet wie z.B.: »Rechts von dir ist das Fenster und links die Tafel. Kannst du dir das merken? Wo ist das Fenster? Wo ist die Tafel?«

Auf diese Weise wird bei dem Kind die Verwirrung nicht abgebaut, sondern im Gegenteil! Hilfreicher für diese Kinder ist es, wenn sie sich nur auf eine Richtung (z.B. rechts) festlegen und ihnen auf unterschiedliche Art und Weise (z.B. motorisch und kognitiv) nur diese vorher festgelegte Richtung vermittelt wird.

Übungsbeispiel:

Wer kann mit der ausgestreckten rechten Hand am längsten sein Schulheft hochhalten?

Wenn man als Bezugsperson das Kind sowohl kognitiv als auch im grob- und feinmotorischen Bereich immer nur auf eine Richtung hinweist, wird es diese recht schnell beherrschen lernen. Die andere Richtung, in diesem Fall links, ergibt sich für das Kind dann von selbst.

Testmethoden zur Untersuchung der Rechts-links-Orientierung

Reagieren Kinder, von denen verlangt wird, dass sie sich schnell von rechts auf links oder umgekehrt umstellen sollen, langsam und unsicher, dann ist es angebracht, sie auf ihre Rechts-links-Unsicherheit hin zu untersuchen.

Dazu gibt es verschiedene Testmethoden, von denen hier zwei vorgestellt werden sollen.

Test von A. Rey (»Durchstreichen von Kreisen«)

Das Kind bzw. auch die erwachsene Versuchsperson bekommt einen Überprüfungsbogen vorgelegt, auf dem kleine Kreise links und rechts von einer mehr oder weniger vertikalen Linie angeordnet sind.

Auf dem Überprüfungsbogen sind mehrere willkürlich verlaufende Hauptlinien aufgetragen, von denen aus jeweils mehrere parallel angeordnete und vertikal verlaufende kürzere Linien ausgehen, an denen die angesprochenen kleinen Kreise links oder rechts angebracht sind.

Es sollen nun alle Kreise, die sich rechts von einer Linie befinden, durchgestrichen werden. Es kann zunächst an zwei Kreisen im unteren Bereich des Bogens verdeutlicht werden, wie vorgegangen werden soll. Dann werden dem Kind zwei aus dem Testbogen willkürlich ausgewählte Kreise gezeigt. Dabei handelt es sich um einen rechts angeordneten Kreis, der durchgestrichen werden muss, und um einen anderen Kreis, der nicht durchgestrichen werden darf.

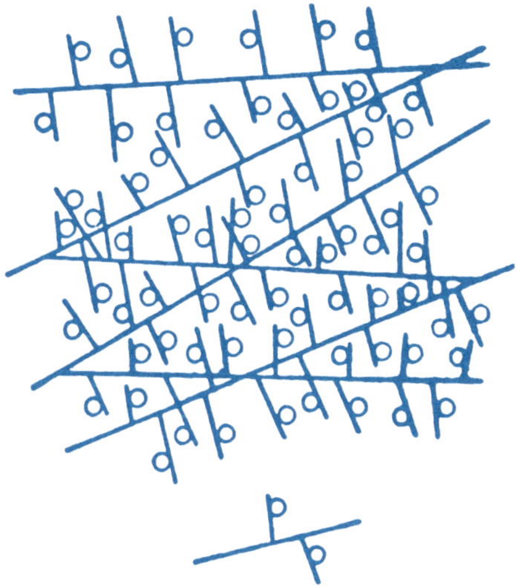

Test von A. Rey (»Durchstreichen von Kreisen«)

Anschließend fordert man das Kind auf, oben links auf dem Testbogen zu beginnen und so schnell wie möglich innerhalb einer Minute alle nach rechts angeordneten Kreise durchzustreichen. Der Versuch wird an einem zweiten Testbogen wiederholt. Zur Bewertung wird die Anzahl aller richtig durchgestrichenen Kreise aus dem ersten und zweiten Versuch zusammengezählt, anschließend alle Fehler.

Test nach J. Piaget

Zur Durchführung des Tests sitzt der Versuchsleiter an einem Tisch dem Kind gegenüber und stellt ihm eine Reihe von Teilaufgaben, die die Rechts-links-Orientierung ansprechen, wie z.B. »Sage mir, welches meine linke Hand ist. Welche ist meine rechte Hand? Zeige mir meinen linken Fuß und nun meinen rechten Fuß!«

auf den punkt gebracht

Durch unvoreingenommene Beobachtung und durch Funktions-prüfungen des bevorzugten Handgebrauchs sowie durch normierte Testverfahren (z.B. H-D-T, L-D-T) können sich spezialisierte Fachleute ein differenziertes Bild von der Händigkeitsveranlagung eines Menschen machen.

Bei umgeschulten Linkshändern können in starkem Maß Ausfallerscheinungen, vor allem in den Bereichen Gedächtnis, Konzentration, Motorik, Schrift, Sprache und als Folgeerscheinung im Verhalten, auftreten, wobei die Intelligenz selbst nicht gestört ist.

Ob eine Rückschulung auf die dominante linke Hand sinnvoll ist, ist von Fall zu Fall zu entscheiden (s. Kapitel VI). Manche Schwierigkeiten gehen dadurch zurück – ein Patentrezept ist eine solche Rückschulung jedoch sicher nicht. Vor allem ist dafür unbedingt die Hilfe geschulter Fachkräfte erforderlich.

Der Linkshänder soll stets darin bestärkt werden, dass seine Linkshändigkeit etwas ganz Normales ist und auch Vorteile in alltäglichen Lebenssituationen haben kann.

Es muss alles getan werden, um vorhandene Vorurteile abzubauen und damit einer Benachteiligung von Linkshändern entgegenzuwirken. Dabei können Linkshänder-Initiativen sehr hilfreich sein.

förderung

des linkshändigen kindes

Für das linkshändige Kind ergeben sich zu Beginn seiner schulischen Laufbahn erfahrungsgemäß eine Reihe von Problemen. Von Außenstehenden werden diese oft als nicht so schwerwiegend eingestuft oder als unbedeutend abgetan.

Schreiben

Die Psychologin **Dr. J.B. Sattler** weist immer wieder darauf hin, dass linkshändige Kinder am Anfang ihrer Schullaufbahn verstärkt Aufmerksamkeit von Seiten der Lehrer benötigen, ja sogar schon im Kindergarten bei den ersten Schreibversuchen auf Linkshänder besonders Rücksicht genommen werden muss.

Frau Dr. Sattler empfiehlt daher, in der unterrichtlichen Praxis schwerpunktmäßig folgende Aspekte zu beachten, damit die Schullaufbahn und das Schreiben- sowie Lesenlernen ohne Schwierigkeiten erfolgt:

Der Linkshänder braucht Bewegungsfreiheit

Bezüglich der Sitzordnung ist darauf zu achten, dass der Linkshänder an einer Einzelbank immer links sitzt. An einem Gruppentisch darf er links von sich keinen Nachbarn haben, es sei denn, es handelt sich ebenfalls um einen Linkshänder.

Dem Linkshänder sollte nach Möglichkeit ein Sitzplatz zugewiesen werden, der es ihm ermöglicht, mit einer Rechtsdrehung des Körpers die Tafel anzusehen.

Auf die Schreibhaltung kommt es an

Von Anfang an ist auf eine lockere Schreibhaltung zu achten (Richtwert für die Blatthaltung: um ca. 30 Grad nach rechts geneigt) – und nicht erst dann, wenn das Kind beginnt, mit dem Füller zu schreiben. Zu diesem Zeitpunkt sind bestimmte motorische Abläufe schon eingelernt (motorisches Lernen), und die Haltung ist nur noch schwer zu korrigieren.

Es kann somit zu der verkrampften Handhaltung »von oben« kommen (hakenförmige Haltung), die im ungünstigsten Fall migräneartige Erkrankungen im Erwachsenenalter zur Folge hat, die aber trotzdem einer Umschulung auf die rechte Hand vorzuziehen ist.

Es ist darauf zu achten, dass das Kind gerade sitzt und das Stiftende etwa in Richtung des linken Ellenbogen zeigt. Das Blatt soll leicht nach links von der Körpermitte verschoben liegen. Die Hand- und Armhaltung sollen locker und nicht verkrampft sein.

Die Drehung des Blattes nach rechts wird individuell bestimmt, und das Kind kann dies in gewissem Maß selbst festlegen. Eine Schreibunterlage mit Markierung der Blattlage und Position der rechten Hand kann dabei helfen. Vorteilhaft ist es für den Linkshänder, wenn der Lichteinfall auf seinen Arbeitsplatz von rechts und von vorn kommt.

Hinsichtlich der Schreibhaltung sollten folgende Gesichtspunkte besonders berücksichtigt werden:

- Die Heftseite, die beschrieben wird, liegt links von der Mittelachse, die durch Nase und Wirbelsäule festgelegt ist. Weder der Körper noch der Kopf weichen beim Schreiben davon ab. Die linke Hand stützt sich auf die Handkante und die seitliche Fläche des kleinen Fingers. Handrücken und Unterarm bilden einen stumpfen Winkel.
- Die rechte Hand hält das Heft am rechten Blattrand, anfangs möglichst etwas über der Höhe der Zeile, die gerade beschrieben wird.
- Die rechte obere Ecke des Heftes ist im Vergleich zur linken oberen Ecke nach unten verschoben. Der Neigungswinkel kann variieren. Beim linkshändigen Schreiben ist ziehendes und stoßendes Schreiben grundsätzlich möglich.
  Beim ziehenden linkshändigen Schreiben wird die Schrift, bedingt durch die starke Neigung des Heftes, allerdings manchmal links schräg.
- Alle Finger bleiben grundsätzlich unterhalb der Schreiblinie. Die Federspitze zeigt nach rechts beim stoßenden Schreiben.

Das Schreibgerät liegt auf dem vorderen Glied des Mittelfingers und wird vom Daumen und Zeigefinger gehalten. Dabei ist der Zeigefinger leicht gekrümmt. Das hintere Ende des Schreibgerätes zeigt etwa in Richtung des linken Ellenbogens. Das Schreibgerät soll weder zu nah noch zu weit von der Stiftspitze gehalten werden.

Die richtige Blatt- und Schreibhaltung für Linkshänder

Als häufigste Mängel, die beim Schreiben auftreten können, sind zu nennen:

- Heben der linken Schulter
- Vorschieben des linken Ellenbogens, was zur Krümmung der Wirbelsäule führt
- Drehung des Kopfes nach rechts
- hakenförmige Handhaltung
- die rechte Hand liegt so auf dem Blatt, dass um sie »herumgeschrieben werden muss«.
- der rechte Rand liegt höher als der linke.

Günstige Lage des Papiers beim Schreiben und korrekte Haltung des Schreibgerätes für eine lockere Schreibhaltung mit der linken Hand

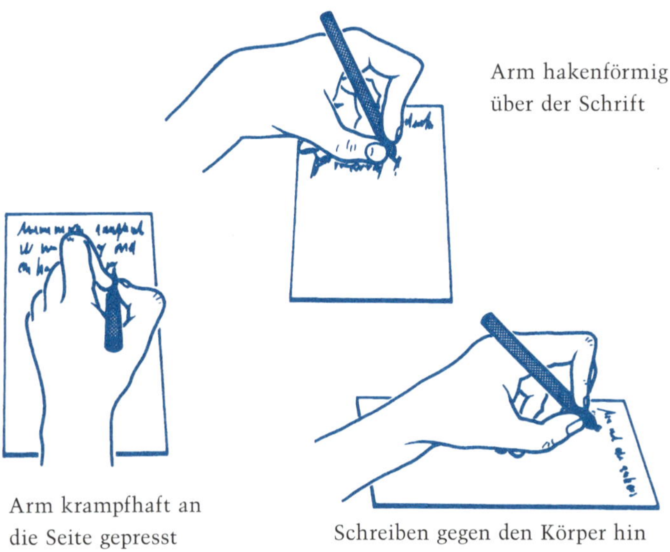

Ungünstige Haltungen beim linkshändigen Schreiben

Erinnerungsstützen für die richtige Hand- und Heftlage

Für das linkshändige Kind kann es sehr hilfreich sein, wenn es zu Hause und möglichst auch in der Schule eine Schreibunterlage benutzt, auf der die Umrisse der richtigen Lage des Schreibheftes und die Lage der rechten Hand am Rand des Blatts aufgedruckt sind, sodass ihm immer die richtige Heftlage nach rechts in Erinnerung bleibt.

Auch das Schreiben mit Kreide auf einer Tafel kann helfen, dass von Anfang an die richtige Handhaltung gefunden wird, da die Kreide, ähnlich wie später die Tinte, bei falscher Haltung des Stiftes verwischt.

Beim Umgang mit linkshändig veranlagten Kindern in der Schule ist es also sehr wichtig, dass ihnen methodische Hilfestellungen zugute kommen. Denn das linkshändige Kind findet von sich aus nur schwer die richtige, d.h. eine entkrampfte und lockere Schreibhaltung.

Um diesen Kindern im Unterricht wirkungsvoll zur Seite stehen zu können, empfiehlt es sich, bestimmte Gegebenheiten zu beachten, die nicht nur mit der Schreibhaltung und der Sitzordnung, sondern auch mit dem Schreibtempo und dem Schriftbild in Verbindung stehen.

Wie können sich Anpassungsschwierigkeiten äußern?

In vielen Fällen zeigt sich, dass linkshändige Kinder sowohl Buchstaben (ᴎƨɔɑ) als auch Wörter (ᗡИUH) oder sogar Texte in Spiegelschrift schreiben.

Es kommt immer wieder vor, dass Buchstaben oder Silben vertauscht werden, was sich allerdings auch bei Rechtshändern zeigen kann.

Beispiel: oben – enob – ebon.

Die Spiegelschrift hängt mit der von rechts nach links verlaufenden visuellen Verarbeitungsrichtung bei Linkshändern zusammen und wahrscheinlich auch mit deren größerer Fähigkeit der Raumwahrnehmung. Entsprechend lesen diese Kinder manchmal sogar ganze Worte von rechts nach links und fangen folgerichtig oben rechts auf dem Blatt zu lesen an.

Die Bücher von **Sigrid Heuck** sind dafür geeignet, dass Eltern mit ihrem linkshändigen Kind die Richtung unserer rechtsläufigen Schrift üben. Diese Bücher sind so gestaltet, dass in dem Text kleine Bilder eingefügt sind, die Worte ersetzen. Kinder, die noch nicht so gut lesen können, erhalten die Möglichkeit, mit Hilfe dieser Bilderbücher die Schriftrichtung von links nach rechts einzuüben. Erfahrungsgemäß stellt sich das linkshändige Kind schnell auf die Schriftrichtung ein.

Sollten die angesprochenen Phänomene jedoch länger anhalten, so ist auf jeden Fall eine Besprechung mit einem Fachberater erforderlich.

Regeln für das Schreiben mit der linken Hand

Besonders in den ersten drei bis vier Monaten nach Beginn des Unterrichts im Schreiben muss von Seiten des Lehrers die Schreibhaltung des linkshändigen Kindes speziell überwacht werden. Man sollte auch wissen, dass Linkshänder oft rechts schreibende Mitschüler nachahmen. Den Eltern betroffener Kinder sei empfohlen, sich über die richtige linkshändige Schreibhaltung zu informieren.

Es ist immer wieder darauf zu achten, dass die Schreibhand beibehalten wird. Dies ist erforderlich, da der Schreiblernprozess sich bereits nach wenigen Monaten auf das Leistungsvermögen der Hände auswirkt und damit wahrscheinlich auf die Hemisphärenspezialisierung. Dies wiederum betrifft nicht nur die Sprache, sondern auch die Graphomotorik, was sich im Schriftbild widerspiegeln kann. Durch einen ständigen Wechsel der Schreibhand werden nämlich im Gehirnbereich die graphomotorischen Muster verzögert und gestört aufgebaut.

Die Erfahrung lehrt, dass linkshändiges Schreiben oft psychologisch vorbereitet sein muss und mögliche Befürchtungen der Eltern ausgeräumt werden müssen. Das Kind soll nicht den Eindruck bekommen, dass es wegen seiner Linkshändigkeit ein Sorgenkind ist. Das Kind muss seine Linkshändigkeit als ein natürliches Phänomen erfahren.

Daher soll auch von Seiten der Erzieher her keine Überbetonung des Phänomens »Linkshändigkeit« und keine Überfürsorglichkeit (»overprotecting«) dem Linkshänder gegenüber erfolgen, da ansonsten Gegenreaktionen bei Mitschülern und Geschwistern hervorgerufen werden können.

Verunsicherte und verängstigte linkshändige Kinder neigen dazu, sich von allein auf die rechte Hand umzuschulen. Dies ist besonders dann zu beobachten, wenn sie wegen ihrer Linkshändigkeit von Mitschülern verspottet werden oder durch mangelnde methodische Hilfen die Schwierigkeiten beim Schreiben nicht überwinden.

Eine Selbstumstellung der Schreibhand durch das Kind muss auf jeden Fall unterbunden werden, da sie dieselben Folgen wie eine von Erwachsenen erzwungene Umschulung haben kann.

Schreibtempo und Schriftbild

Grundsätzlich gilt, dass Linkshänder genauso lesbar und flüssig schreiben können wie Rechtshänder. Dasselbe gilt auch für die »schön geschriebene« (kalligraphische) Schrift, vorausgesetzt, Linkshänder werden mit einer entsprechenden Schreibmethodik betreut.

Linkshändige Kinder, die ausgesprochen langsamer als ihre Klassenkameraden schreiben, haben häufig leichte feinmotorische Störungen, die unabhängig von der Händigkeit zu sehen sind. Das gleiche gilt auch für Rechtshänder.

Wichtig sind für Linkshänder auch Lockerungs- bzw. Nachspurübungen der Schreibhand, die die Bewegung von links nach rechts, entsprechend der Schriftrichtung, nachvollziehen und das kontinuierliche Nachrücken der Hand einüben.

Zum Beispiel

Dies ist insbesonders dann der Fall, wenn sie nicht genügend auf eine Linkshand gerechte Schreibhaltung vorbereitet wurden. Diese Linkshänder brauchen daher eine zusätzliche graphomotorische Förderung.

Um einem linkshändigen Kind in der Grundschule das Nachschreiben von neu zu lernenden Buchstaben oder Worten zu erleichtern, empfiehlt es sich, die entsprechenden Buchstaben und Worte nicht nur links zu Beginn der Zeile, sondern auch auf dem rechten Seitenrand vorzuschreiben. Es hat sich für das betroffene linkshändig veranlagte Kind als vorteilhaft erwiesen, dass mit ihm der Verlauf der normalen Schreibschrift von Anfang an geplant und eingeübt wird. Wichtig ist auch die Markierung der linken Seite als Schreibbeginn, z.B. durch einen Pfeil.

Die Grundausstattung für den Linkshänder in der Schule

In den meisten Fachgeschäften sind Füller für Linkshänder erhältlich, deren Feder derartig geformt ist, dass beim Schreiben das Papier nicht aufgerissen wird.

Füller

Im Gegensatz zum Rechtshänder, der die Feder über das Papier »zieht«, neigen ja Linkshänder dazu, die Feder zu »schieben«. Als Schreibgerät für Linkshänder eignen sich erfahrungsgemäß schnell trocknende Tintenroller, da sie ein Verwischen verhindern.

Linkshänderscheren sind insofern wichtig, als bei diesen Scheren das Kind genau auf die Schnittlinie sehen kann und dazu nicht die Hand verdrehen muss.

Letzteres geschieht allerdings, wenn es in der linken Hand eine Rechtshänderschere benutzt. Weiterhin sind Schliff und Hebeldruck der Schnittflächen bei einer Linkshänderschere sowie auch der Griff für Daumen und Zeigefinger anders. Linkshänderscheren kann man heutzutage in vielen Fachgeschäften kaufen.

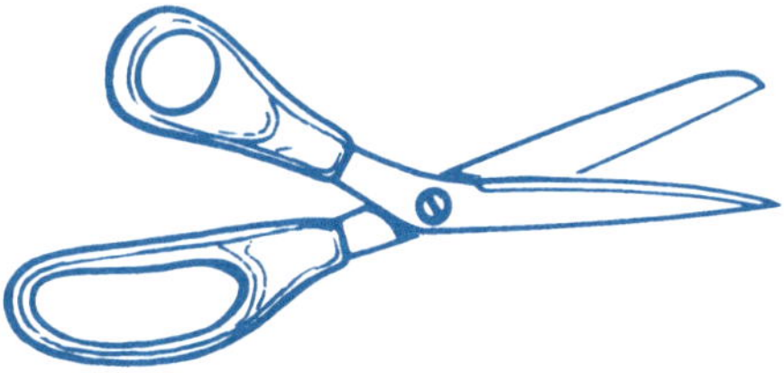

Schere

Allerdings stellen sich viele Linkshänder bei Beginn des Bastelns auf die rechte Hand um, wenn eine linkshändige Schere fehlt. Dies ist jedoch kein Zeichen für Rechtshändigkeit, sondern ist nur auf das Fehlen des richtigen Handwerkszeugs zurückzuführen.

Weiterhin gibt es Spitzer und Lineale speziell für Linkshänder, die allerdings oft nur in Spezialläden für Linkshänder zu beziehen sind und die man dort auch bestellen kann.

Lineal

Im Unterricht sind diese Geräte insofern sinnvoll, als beide den typischen Eigenschaften des Linkshänders entgegenkommen. Der Spitzer für Linkshänder dreht nach außen, und das Lineal zählt von rechts nach links, so wie es zum Zeichnen mit der linken Hand angemessener ist.

Diese Lineale sind aber besser erst in höheren Klassen zu verwenden, wenn sich nämlich das linkshändige Kind an die ihm »entgegenlaufende« Schriftrichtung gewöhnt hat. Bei Schulanfängern hingegen sollte die Richtung von links nach rechts geübt werden. Der anfängliche Einsatz eines Linkshänderlineals könnte eventuell verwirrend für das Kind sein.

Verschiedene Firmen bieten auch Stühle mit Kollegplatten auf der linken Seite an, die im Musikunterricht gelegentlich Verwendung finden.

Eine Hand hilft der anderen – Handarbeiten und Werken

Wenn es dem Lehrer besonders schwer fällt, seitenverkehrt zu Handarbeiten anzuleiten, können eventuell ältere linkshändige Schüler hinzugezogen werden, die den jüngeren Mitschülern Stricken, Häkeln und Sticken mit der linken Hand zeigen. Dies hat einen pädagogisch positiven Effekt und vermittelt das Gefühl, als Linkshänder nicht allein zu sein.

Im Werkunterricht können beispielsweise beim Sägen Schwierigkeiten auftreten. Sägeblätter mit runden Zähnen erleichtern das Arbeiten. In den Spezialläden für Linkshänder ist zu erfahren, wo es derartige Sägeblätter für Linkshänder gibt.

Die linke Hand lernt schneller – Musik und Bewegung

Beim Erlernen eines Musikinstrumentes ist zu berücksichtigen und darauf zu achten, dass die linke Hand schneller lernt und der Linkshänder mit der rechten Hand länger üben muss. So gibt es Klavierstücke, in denen der linken Hand der schwierigere

Teil zukommt. Inwieweit frühes Erlernen des Klavierspielens zu Umschulungsfolgen führen kann, ist noch nicht geklärt.

Geigen und Gitarren können umgestellt werden, sodass die linke Hand den Bogen hält bzw. die Saiten anschlägt. Mit diesen Tätigkeiten scheint der künstlerische Ausdruck besonders verbunden zu sein, während das richtige Greifen der Saiten eine akkurate technische Tätigkeit ist, die von der nicht dominanten Hand übernommen wird.

Bei Bewegungsspielen und rhythmischer Erziehung (z.B. Turnen, Ballett) ist die spontane Drehbewegung des linkshändigen Kindes gerade »andersherum«. Durch normierte Bewegungsabläufe, die dem Kind geradezu »gegen den Strich« (bzw. gegen seine Seitenveranlagung) gehen, ist schon manchem linkshändigen Kind die Freude an der Bewegung zur Musik genommen worden.

Blockflöten für Linkshänder führen gute Musikgeschäfte. Manche linkshändig veranlagte Kinder benutzen lieber diese Musikinstrumente, andere Linkshänder haben keine besonderen Schwierigkeiten mit den üblichen Blockflöten.

Erfahrungen eines Schulpsychologen

Im Gespräch mit Lehrerinnen und Lehrern an Grundschulen fiel dem Schulpsychologen **Norbert Sommer-Stumpenhorst** von der regionalen Schulberatungsstelle im Kreis Warendorf immer wieder auf, dass die Kenntnisse über den Umgang mit Linkshändern im Unterricht und über die Möglichkeiten einer Diagnose der Händigkeit äußerst ungenügend sind.

Für viele Erzieher kommen Linkshänder scheinbar nur selten in der Schule vor, sodass oftmals die Motivation fehlt, sich mit der Literatur zu diesem Thema intensiv auseinanderzusetzen.

Da potenzielle Linkshänder meist bereits bei den Schwungübungen und Vorübungen zum Schreiblernprozess auffallen, empfiehlt Sommer-Stumpenhorst den Erziehern, die ersten beidhändigen, links- und rechtshändigen Schwungübungen zur Grobdiagnose heranzuziehen. Häufig wird ja dem Lehrer durch die Eltern nicht mitgeteilt, dass das Kind Linkshänder ist.

Dies kommt insbesondere bei Kindern vor, bei denen die Eltern schon frühzeitig eine Umschulung auf die rechte Hand versucht haben. Hier ist besondere Vorsicht geboten.

Es ist darauf zu achten, dass das linkshändige Kind von den anderen Mitschülern nicht »schief« angesehen wird. Wenn Erzieher dies in ihrer Lerngruppe bemerken, sollte das Problem rechtzeitig in einem Klassengespräch aufgegriffen und die Normalität der Linkshändigkeit hervorgehoben werden.

Information der Eltern ist wichtig

Manche Eltern wünschen, dass ihr linkshändiges Kind mit der rechten Hand schreiben lernt. Bei diesen Kindern merkt der Lehrer meist erst bei den oben angesprochenen Schwungübungen, dass das Kind mit der linken Hand besser hantieren und schreiben kann als mit der rechten.

Daher sollte ein Lehrer sorgfältig bei dem Kind den Handgebrauch beobachten. In Zweifelsfällen sind Beratungsstellen und spezialisierte Fachleute zur Beratung heranzuziehen.

Als Lehrer kann man kaum gegen den Willen der Eltern das Kind zum linkshändigen Schreiben anhalten, wenn diese etwa bei den Hausaufgaben das Kind bedrängen, mit der rechten Hand zu schreiben.

Andererseits sollte man aus eigener Verantwortung und dem Wissen um die negativen Folgen heraus das Kind auch nicht rechts schreiben lassen. Daher ist es notwendig, dass man die Eltern über die Sachzusammenhänge aufklärt und sie für seine Vorgehensweise gewinnt.

Der Schulpsychologe Sommer-Stumpenhorst gibt betroffenen Eltern folgenden Ratschlag mit auf den Weg:

- »Zwingen Sie Ihr Kind niemals, etwas mit der rechten Hand zu tun, was es mit der linken Hand viel besser kann und durchführen möchte. Versuchen Sie nicht, Ihr Kind umzudressieren (›Nimm doch mal die schöne Hand.‹)! Wenn Sie mit der Linksseitigkeit Ihres Kindes genauso gelassen umgehen wie die Schule (es auch tun sollte), dann wird die Linksseitigkeit für Ihr Kind kein Problem sein, und es wird keine Nachteile hierdurch haben.«

auf den punkt gebracht

- **Ein linkshändig veranlagter Mensch soll unbeeinflusst ausprobieren dürfen, mit welcher Hand er Tätigkeiten ausführen möchte.**
- **Ein Kind entgegen seiner Veranlagung zum rechtshändigen Tun zu zwingen (»breaking«) bedeutet eine große Gefährdung.**
- **Das linkshändig schreibende und arbeitende Kind muss darin bestärkt werden, dass es ein Recht darauf hat, die geschicktere Hand einzusetzen.**
- **Lehrer und Mitschüler sowie andere Mitmenschen müssen mit dazu beitragen, dass dem Linkshänder günstige Voraussetzungen für eine freie Entfaltung geboten werden.**
- **Unter fachlicher Anleitung und unter günstigen Bedingungen kann der Linkshänder zur angemessenen Schreibhaltung finden. Dies hilft ihm, Verkrampfungen und Misserfolge zu vermeiden.**
- **Jeder Grundschullehrer und Lehrer weiterführender Schulen sollte sich mit dem biologischen Phänomen der Linkshändigkeit beim Schreiben, den Folgen der Umschulung auf Rechtshändigkeit und mit der Methodik des linkshändigen Schreibens auseinandersetzen.**

der umgeschulte linkshänder

Von Dr. J.B. Sattler

Umschulung der Händigkeit – ein massiver unblutiger Eingriff in das menschliche Gehirn

Die Händigkeit des Menschen wird auch heute noch von vielen oberflächlich als eine bloße Frage der Geschicklichkeit angesehen.

Die Händigkeit ist jedoch ein Ausdruck der Hirnhemisphärenlateralisation (die Funktionsaufteilung in den beiden Gehirnhälften). Wird diese Struktur durch Umschulung der Händigkeit gestört, kann es zu den massivsten Störungen im Bereich der Gedächtnisprozesse (Lernen, Behalten und Abrufen des Gelernten) und der Konzentrationsfähigkeit kommen. Dabei ist es übrigens gleichgültig, ob die Umschulung von der linken auf die rechte oder von der rechten auf die linke Hand, z.B. im Fall eines Unfalls, vorgenommen wurde.

Bei Kindern und mit Einschränkungen auch bei Erwachsenen äußert sich so eine Umschulung oft in Primärfolgen wie legasthenischen Eigenschaften, in vermindertem Durchhaltevermögen, geringer geistiger Belastbarkeit, motorischen Störungen, Sprachstörungen und in Sekundärfolgen wie Minderwertigkeits- und Unsicherheitsgefühlen, Überkompensation, unregelmäßigen Schulleistungen, verminderter Reproduzierungsfähigkeit des gelernten Stoffes. Weitere häufige Folgen sind Verhaltensreaktionen wie »Kasperletheaterspielen« oder Rückzugstendenzen, verbunden mit starken Minderwertigkeits- und Versagensgefühlen; auch Stottern und Bettnässen können oft damit in Verbindung gebracht werden.

Diesen Schwierigkeiten stehen Eltern und oft auch Lehrer relativ hilflos gegenüber.

Pädagogische Folgen einer Umschulung der Händigkeit

Wie bereits erwähnt, kann sich eine Umschulung der Händigkeit negativ auf den Gedächtnisprozess auswirken.

Gerade für Eltern kann es äußerst schmerzhaft sein, wenn das Kind, das sie bis zum Schuleintritt »gut über alle Gefahren gebracht haben« (Schwangerschaft, Geburt, erste Entwicklungsjahre) und das sich zunächst geistig wach und hoffnungsvoll entwickelte, dann in der Schule durch seine Leistungen enttäuscht und offensichtlich versagt. Ein solcher Bruch trifft die Eltern meist völlig unerwartet. Mit dieser Enttäuschung finden sie sich zunächst nicht so schnell ab, es dauert geraume Zeit, bis dann das Kind endgültig als das »dümmere«, »unbegabtere« in der Familie neu eingeordnet wird und alle Hoffnungen gegebenenfalls auf eines der Geschwister verlagert werden.

Für das Kind selbst führt diese Veränderung des Sicherheitsgefühls in Bezug auf sein eigenes Können und seine Fähigkeiten – verbunden mit der Wahrnehmung der stolzen Zuwendung der Eltern – zu der Erfahrung des unbegreiflichen Versagens und Nichtfunktionierens. Das ist ein äußerst massiver Eingriff in die ganze weitere psychische und kognitive Entwicklung. Das Kind empfindet das als einen unerwarteten, ungerechten und unbegreiflichen Bruch, »der alles ins Wanken bringt«, und es nimmt oft sehr deutlich die manchmal kaum kaschierte Enttäuschung der Eltern (und schließlich ihr Sichabfinden mit der neuen Situation) wahr.

Es entwickelt ein neues Selbstbild des Versagers, des Unbegabten, Dummen. Dies drückt sich nicht nur in dem ganzen Erscheinungsbild des Kindes aus, sondern führt oft sogar zu gesundheitlichen Beeinträchtigungen mit tief einschneidenden, persönlichkeitsdeformierenden Prozessen, die oft das ganze Leben lang wirken und die soziale Eingliederung in die Gesellschaft negativ beeinflussen.

Auch heute wird noch umgeschult

Es wird oft gefragt, wie es heute noch zu diesem »massivsten unblutigen Eingriff in das menschliche Gehirn« (Dr. Ivo-Kurt Cizek) kommen kann, denn es wird heute angeblich nicht mehr umgeschult.

Umgeschult wurde aber noch bis vor wenigen Jahren und oft sogar drastisch, z.B. durch Schläge auf die linke Hand oder auch durch Umwickeln der Hand mit einem Handtuch (in mehreren Fällen hat sich der Lehrer sogar auch noch auf die »falsche Hand« gesetzt) oder – »humaner« – durch einen nassen Waschlappen und Festbinden der linken Hand. Es sind Fälle bekannt, wo der Arzt sogar die linke Hand eingegipst hat!

Solche Methoden und Strafen sind heute nicht mehr üblich, eher noch der Versuch, dem linkshändigen Kind durch Verlockungen (Geld, Süßigkeiten) oder durch moralischen Druck (»Du hast es mir doch versprochen ...«) von dem »notwendigen« Gebrauch der nicht dominanten rechten Hand zu überzeugen.

Viele Kinder werden schon vor ihrem Eintritt in die Schule beim Gebrauch ihrer Händigkeit beeinflusst und schulen sich unter Druck von außen oder sogar aus eigenem Bedürfnis (Modellverhalten) selbst von der linken auf die rechte Hand um.

Die erste kritische Phase ist das Erlernen des Umgangs mit Messer und Gabel und das Handgeben. Gerade in dieser Zeit haben Verwandte und Bekannte großen Einfluss auf das Kind, und manchmal genügt relativ wenig Einsatz, das Kind zu überzeugen, »so zu sein wie alle anderen auch« und rechts mit dem »schönen Händchen« alles zu tun.

Diese Umwelteinflüsse können Eltern noch bis zu einem gewissen Grad kontrollieren.

Die Kindergartenzeit ist aber die nächste, äußerst kritische Phase, wo das Kind durch Einfluss der Gruppe (Vorbild, Modell,

Nachahmung), Kindergärtnerin oder Eltern anderer Kinder aus eigenen Stücken zu dem Entschluss, sich von der linken auf die rechte Hand umzuschulen, kommen kann.

Gerade die Kinder, die angeblich keine »stark ausgeprägte Händigkeit« zeigen, sind äußerst gefährdet, und – was noch schlimmer ist – gerade die stärksten, intelligentesten und durchsetzungsfähigsten Linkshänder schulen sich, wenn sie jemand (eine anerkannte Respektsperson) überzeugt, dass die rechte Hand die bessere ist, mit voller Kraft selbst um — und das mit allen negativen Folgen!

Schreiben mit der »falschen Hand« verstärkt die Umschulungsfolgen

Durch das Schreiben- und Lesenlernen in der Schule werden die Gehirnfunktionen oft überlastet, Störungen vertiefen sich, und durch Leistungsvergleiche mit Mitschülern werden die Schwierigkeiten erst richtig manifest. Durch Rückkoppelung der Versagensängste werden Ängste vor neuem Versagen geschürt, und alles verschlimmert sich noch weiter. Dabei sind besonders Blockierungen, »Fadenverlieren und Nicht-erinnern-Können«, typisch.

Oft kann das Kind zu Hause alles ganz genau; in der Schule aber, wenn es sich gemeldet hat und aufgerufen wurde, kann es das Gelernte und Gewusste plötzlich nicht mehr vorbringen.

Eine weitere für den umgeschulten Linkshänder typische Schwachstelle sind die so genannten Flüchtigkeitsfehler. Das Kind schreibt z.B. das gleiche Wort auf einer Seite einmal richtig und zweimal falsch. Lehrer und Eltern sind erzürnt und verzweifelt, und das Kind ist tief deprimiert; für dieses ist das eine Qual und Plackerei, was oft jeden Spaß und jede Freude an Schule und Lernen für viele Jahre verdirbt.

Ein »Wackelkontakt« im intelligenten Gehirn

Dieses Fehlverhalten wirkt manchmal so, als sei bei den Umgeschulten die Verbindung von Gehirn und Ausführungsorgan (Hand oder Mund) gestört, als bestünde dort ein »Wackelkontakt«, der manchmal den richtigen Befehl und manchmal den falschen Befehl weitergibt. So kommt es zu Flüchtigkeitsfehlern, Verdrehungen von Buchstaben und ganzen Worten, Versprechern und manchmal auch zu motorischen Schwierigkeiten. Es hilft dann wenig, das Kind zu tadeln oder durch noch größere Belastungen weiter zu ermüden, denn der Umgeschulte setzt sowieso andauernd ein Vielfaches an Kräften und Anstrengungen ein. Wenn er etwas Erfolg haben will, muss er sich oft komplizierte »Eselsbrücken« bauen, sich überanstrengen, um mit seinen Mitschülern vergleichbare Leistungen zu liefern.

Für das umgeschulte Kind und oft auch für seine Eltern ist es dabei besonders irritierend, dass Denkprozesse und Intelligenz an sich nicht gestört sind, dass aber das Erinnerungsvermögen bzw. die adäquate Reproduktionsfähigkeit von Gedanken nicht funktioniert. So geben gerade Umgeschulte ein sehr ambivalentes Erscheinungsbild ab; auf der einen Seite zeigen sie schlechte verbale und schriftliche Leistungen und äußern sich eher wenig und unpräzise, auf der anderen Seite überraschen sie wieder durch ihre plötzlichen und unerwartet guten Leistungen, z.B. bei Klassenarbeiten oder im Mündlichen. Typisch ist auch, was neben großen Leistungsschwankungen häufig zu beobachten ist, dass zu Beginn des Schuljahres mit relativ guten Leistungen begonnen wird, die das Kind aber nicht halten kann, und seine benotete Leistungskurve (mündlich und schriftlich) dann rapide absinkt. Manchmal steigen die Leistungen nach den nächsten Ferien wieder etwas an, um schnell wieder abzusinken. Dieser mit Überanstrengung zu erklärende Leistungsabfall wird noch durch die physische Angstreaktion vertieft und durch das Nichtbegreifen des Kindes, warum es die Leistung nicht halten oder steigern kann, was wieder irrationale Ängste hervorruft und die Leistung weiter absinken lässt. So stellen sie den Lehrer vor Rätsel bei der gerechten Beurteilung der Leistung, und dieser führt dann oft die dazu im Kontrast stehenden Minderleistungen auf »Faulheit« zurück – eine moralische Besetzung, die dann zu weiteren negativen Persönlichkeitsentwicklungen führt (Rückzugs- und Ausstiegstendenzen, Verweigerung; »Faulenzen« bzw. Lügen usw.).

Ist eine Rückschulung auf die »richtige Hand« sinnvoll?

Oft wird auch die Frage nach Möglichkeiten und Chancen einer Rückschulung bei bereits mit der rechten Hand schreibenden linkshändigen Kindern gestellt, wenn massive Schwierigkeiten in den ersten Schuljahren aufgetreten sind.

Aufklärung und Beratung sind hier sehr wichtig, denn je älter das Kind ist, umso schwieriger wird eine Rückschulung. In den höheren Klassen werden immer größere Leistungsanforderungen gestellt (d.h. auch eine schnelle, flüssige und leserliche Handschrift). Die ungeübte linke Hand schreibt indes meist in einer Schrift, die an Schnelligkeit und Ausdruck etwa der eines Zweitklässlers entspricht. Auf der anderen Seite haben sich Ängste und Fehlverhalten oft schon so tief eingeprägt, dass ein Rückschulungsprozess sehr schwierig ist. Therapeutische Hilfestellungen (z.B. ruhige Gesprächssituation) sind aber auch in diesem Alter wichtig, um die eventuell massiven Folgen der Umschulung psychisch zu verarbeiten und um eine neurotische Umsetzung mit oft gravierenden Persönlichkeitsschäden zu verhindern.

In den ersten Schuljahren dagegen, so bestätigen auch Fachpädagogen, besteht manchmal noch die Möglichkeit, mit Einfühlung und psychotherapeutischer und pädagogischer Erfahrung diese Rückschulung vorzunehmen. So ein Eingriff sollte aber unbedingt unter therapeutischer Begleitung durchgeführt werden und von allen Seiten erwünscht und akzeptiert sein. Mit dem Kind sollten Lockerungsübungen gemacht und therapeutische Gespräche geführt werden, die ihm helfen, die richtige Haltung beim Schreiben zu finden und eine positive Einstellung zu seiner ursprünglichen Händigkeit und zu der Rückschulung zu gewinnen.

Die Zahl der Therapeuten, die Erfahrungen mit dieser Rückschulung haben und sie fachgerecht vornehmen können, ist allerdings bis heute nicht sehr groß. Zertifizierte Linkshänderberater können weiter helfen (Informationen dazu gibt die Erste deutsche Beratungs- und Informationsstelle für Linkshänder e.V., München; s. Anhang).

Auch beim erwachsenen umgeschulten Linkshänder, dem meist erst sehr spät die negativen Folgen seiner Umschulung bewusst werden, reicht eine rein mechanische Rückschulung auf die ehemals dominante Hand nicht aus, um die Folgeerscheinungen zu beseitigen. Zwar hat die Wiederbenutzung der ursprünglich dominanten Hand in uns bekannten Fällen oft zum Rückgang mancher Symptome geführt, sie kann aber keine gezielte psychotherapeutische Behandlung ersetzen und ist in vielen Fällen weder praktikabel noch empfehlenswert.

In Berufen, in denen viel Schreibarbeit zu bewältigen ist, liegt die Leistung der ursprünglich dominanten linken Hand bezüglich Schriftbild und Schnelligkeit des Schreibens meist weit unter dem erforderlichen Niveau.

Schwierigkeiten entstehen auch bei Berufen, die ein bestimmtes Einüben von handwerklichen Geschicklichkeiten voraussetzen. Dort handelt es sich oft um motorische und feinmotorische Abläufe, die so eingeprägt sind, dass es bei Umstellung zu neuen Störungen und Fehlhandlungen kommen kann. Man muss sich immer vor Augen halten, dass genauso, wie die Umschulung der Händigkeit auf die nicht dominante Hand ein – negativer – Eingriff in das menschliche Gehirn ist, auch die Rückschulung einen Eingriff in Gehirnstrukturen darstellt, der heute durchaus noch experimentellen Charakter hat.

Als adäquaten Vergleich kann man den Umgang mit einer verheilten Verletzung anführen. Der Körper stellt sich zwar (anatomisch und physiologisch) auf die Verwundung ein, aber das ursprüngliche Funktionsniveau wird nie wieder erreicht. Bei einem erneuten Eingriff in dieses vernarbte Gewebe kann es zur Destabilisierung der Hilfsstrukturen und sogar zum erneuten Aufbruch kommen.

Anders ist es mit den psychischen Manifestationen bei der falschen Verarbeitung von Umschulungsfolgen. Gemeint sind z.B. Ängste, Minderwertigkeitsgefühle, Vermeidungsreaktionen, Hemmungen, Rückzugstendenzen und Depressionen. Hier ist es in schwierigen Fällen empfehlenswert, einen mit der Materie vertrauten Psychotherapeuten heranzuziehen.

Ungeschulte Händigkeit zu diagnostizieren ist aber manchmal sehr schwer und benötigt eine entsprechende Ausbildung des Therapeuten. Das betrifft besonders die verdrängten, nicht offensichtlichen Umschulungsfälle, wo keine Erinnerung mehr an die Umstellung vorhanden ist. Leider ist das Wissen über die Folgen der Umschulung der Händigkeit und deren neurotische, psychosomatische und somatopsychische Verarbeitungsarten bei Psychotherapeuten noch nicht sehr groß, und häufig wird einem nebensächlichen Kindheitsereignis, z.B. in der Mutter-Kind-Beziehung, weit mehr Aufmerksamkeit gewidmet als den oft weit gravierenderen Reaktionen auf eine Umschulung der Händigkeit. Es wird sozusagen »links vorbeitherapiert«. Und bei den Patienten werden die verschiedensten, rein psychischen Ursachen vermutet, ohne eine mögliche somatische Störung der Hirnprozesse, also eine Behinderung durch Umschulung der Händigkeit, in Betracht zu ziehen.

Umschulung der Händigkeit – ein gesellschaftlich selektierender Prozess

Ein sinnvoller Beitrag zur Chancengleichheit wäre es in diesem Zusammenhang, bei der Beurteilung der schulischen Leistungen von umgeschulten Linkshändern dieses Wissen mit zu berücksichtigen, sodass zumindest der gesellschaftlich selektierende Prozess, der den Umgeschulten von Anfang an massiv trifft (durch die hohen Anforderungen gerade auf den Gebieten, auf denen das Kind durch die Umschulung besonders überfordert ist), etwas abgeschwächt wird. Nur so kann die Ungerechtigkeit und die immense Mühe – mit der der Umgeschulte dann oft auf dem Zweiten Bildungsweg an Zeugnissen und »Passierscheinen« nachholt, was seiner eigentlichen Intelligenz entspricht – gemildert werden. Auf diese Weise könnten auch Persönlichkeitsdeformationen verhindert werden, die sich auf Grund der von außen zugefügten, aber nicht genau bestimmbaren Ungerechtigkeit aufbauen. Durch die offizielle Anerkennung der umgeschulten Händigkeit als Teilbehinderung könnten diese Menschen zur offenen Auseinandersetzung mit ihren Störungsinhalten, aber auch zum Akzeptieren ihrer Schwierigkeiten (wenn sie die wahre Ursache kennen) kommen und somit lernen, sich auf ihre »Behinderung« einzustellen, um mit ihr zu leben – also ohne Minderwertigkeitskomplexe und ohne eine entsprechende neurotische und psychosomatische Entwicklung. So entfallen gerade die starken persönlichkeitsdeformierenden sekundären Störungen (Komplexe, Rückzugstendenzen, Selbstaufgabe), die bis zur sozialen Außenseiterrolle und zum sozialen Abstieg führen können.

Im Hinblick auf diese angesprochene Problematik könnte hier der Staat mit relativ geringen finanziellen Mitteln letztlich viel sparen – und den betroffenen Menschen viel erspart bleiben.

Die folgende tabellarische Übersicht fasst noch einmal das Erscheinungsbild bei umgeschulter Händigkeit zusammen, stellt eine Beziehung zu weiteren wichtigen sozialen Auslösefaktoren und dem Alter des betroffenen Kindes her und gibt diagnostische Anhaltspunkte.

Art der Umschulung der Händigkeit, Zeitpunkt und Erscheinungsbild des Kindes bei Schuleintritt

Typ	Zeit	Verursacher	Art und Weise	Typische Tätigkeiten	Erscheinungsbild bei Schuleintritt, also mit ca. 6 Jahren	Diagnostische Anhaltspunkte
A	ab 15 Monate	Eltern, Großeltern, nahe Verwandte	erzieherische Hinweise, Nachahmung, Anpassung	Greifen	motorisch unsicher, angepasst, unsicher, zurückgezogen. Rechtshändigkeit wird als selbstverständlich hingenommen. Rechtshändigkeit als Norm wird nicht extra betont	Spiegelschrift und Beginn des Schreibens rechts oben *Unterrichtswahrnehmung:* melden, Fenster und Tür öffnen, Blumen gießen, malen und zeichnen, schneiden, Lichtschalter
B	ab ca. 3 Jahre	soziales Umfeld, Kindergarten	erzieherische Hinweise, Nachahmung, Anpassung	Hand geben beim Begrüßen, Essen	wie A	
C	kurz vor Schuleintritt	oft Vater, Kindergarten	erzieherische Hinweise	Schreiben mit rechts	verunsichert, angepasst, motorisch unsicher, zurückgezogen. Rechtshändigkeit wird als Norm verbalisiert (»rechts ist richtig«).	*Folgende Schulprobleme können auftreten:* – Gedächtnisstörungen (Abrufen von Lerninhalten) – Konzentrationsstörungen (schnelle Ermüdbarkeit) – legasthenische Phänomene (Lese-Rechtschreib-Schwierigkeiten) – Raum-Lage-Labilität (Rechts-links-Unsicherheit) – Sprachstörungen – feinmotorische Störungen (z.B. Schrift) und unterschiedliche Umsetzung in Sekundärprobleme

Es zeigt sich immer deutlicher, dass Kinder, die sich nicht auf eine Hand zum Malen und späteren Schreiben festlegen (ohne dass sie durch stärkeren Druck von außen umgeschult wurden oder durch Nachahmungs- und Modellverhalten sich selbst umgeschult haben), meist leichte zerebrale Irritationen aufweisen, die sich in so genannten Teilleistungs- und/oder Wahrnehmungsstörungen äußern, wie z.B. Koordinationsschwierigkeiten, Problemen mit der Feinmotorik und Konzentration. Diese manchmal als beidhändig bezeichneten Kinder mit andauernd wechselndem Handgebrauch sollten einem Fachmann vorgestellt werden, so z.B. einem Ergo- oder Mototherapeuten oder einem Heilpädagogen.

Beidhändigkeit ist also kein erstrebenswertes Erziehungsziel, sondern oft Ergebnis einer Umschulung der Händigkeit oder Ausdruck einer leichten zerebralen Störung.

auf den punkt gebracht

Für die Persönlichkeitsentwicklung des umgeschulten Kindes ist das Vertrauen der Eltern und der Lehrer in seine Fähigkeiten genauso wichtig wie Essen und Trinken für den Körper.

Umgeschulte Linkshänder sind, wie kaum eine andere Gruppe, abhängig von positiver Verstärkung, von genügend Erholung und einem ausgeglichenen Lebensrhythmus.

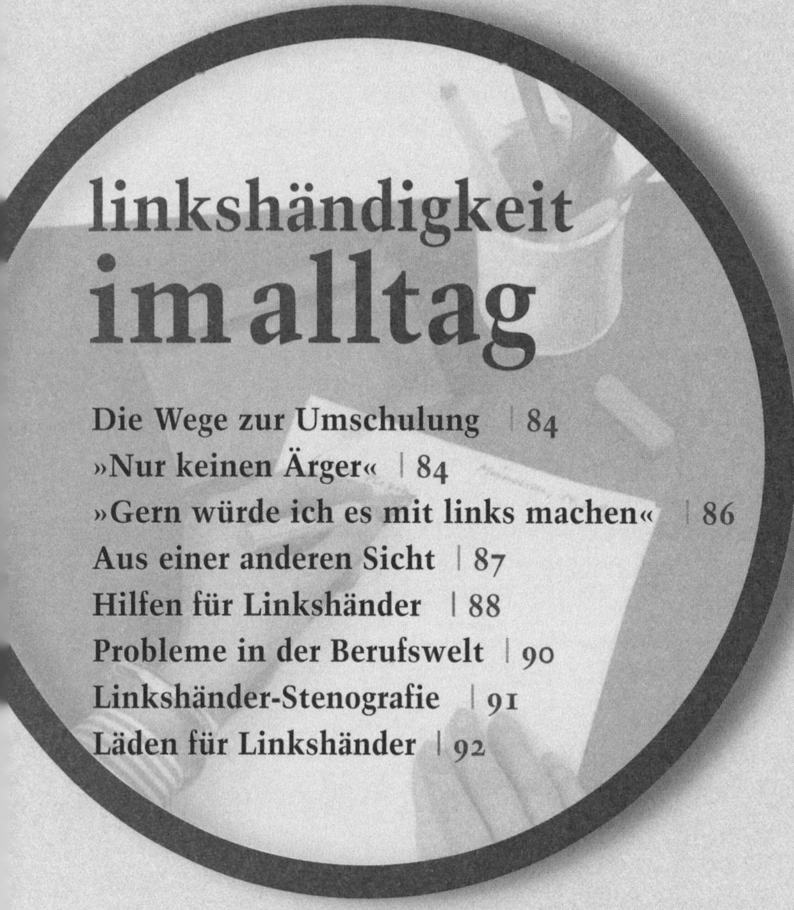

linkshändigkeit im alltag

Für viele Rechtshänder mag es vielleicht unvorstellbar sein, aber Linkshändigkeit kann im Alltag zu einem Problem werden. So wurden viele der heute erwachsenen Linkshänder umgeschult, und auch bei der heute über 20 und 40 Jahre alten Generation (zwischen 1960 und 1980 geboren) gibt es noch viele tragische Fälle von Schicksalen Umgeschulter mit den bereits in Kapitel VI beschriebenen Primär- und Sekundärfolgen, die großes Leid und Unsicherheit für das ganze Leben auslösen können.

So berichtet eine heute 80-jährige Dame rückblickend:

»Ich bin Linkshänderin. Auch mein Vater war Linkshänder. Deshalb hat er mich sicher nie gerügt und getadelt, wie ich es als Kind so oft von anderen zu hören bekam. Wie oft musste ich mir sagen lassen: ›Wie sieht denn das nur aus. Immer so ungeschickt!‹ Beim Greifen und Essen, später beim Nähen, Frisieren, Stricken und Malen war ich der Kritik vieler Mitmenschen ausgesetzt.

Und allen musste die Hand gegeben werden: ›nein, nicht das unartige Händchen, das brave. Wirst du wohl das richtige Händchen geben, das gute Händchen, das kluge, geschickte, das einzig wahre, das rechte Händchen!
(Günther Grass)

Ganz schlimm wurde es für mich, als ich in die Schule kam. Noch heute sehe ich mich voller Angst im ersten Schuljahr in der Bank sitzen, weil Oberlehrer B. mir immer mit dem Rohrstock auf die Finger schlug, wenn ich den Griffel zum Schreiben in die linke Hand nahm. Schließlich hatte ich gelernt, die ›schöne Hand‹ zu benutzen. Mir wurde bewusst, dass die Linkshändigkeit etwas Schlechtes sein musste.

Ich habe nie eine schöne Schrift bekommen, weil ich mich beim Schreiben unsicher fühlte. Nach meiner Schulausbildung hatte ich mir einen Beruf gewählt, in dem ich beidhändig arbeiten konnte. Über viele Jahre hinweg habe ich zahlreichen Menschen als Krankengymnastin helfen können und damit auch mehr Selbstvertrauen gewonnen.

Ich bin jetzt 80 Jahre alt und spüre noch heute Hemmungen, wenn ich eine Unterschrift leisten muss oder wenn mir jemand bei der Arbeit zusieht oder unmittelbar in meiner Nähe steht. Ich habe gelernt, in Gesellschaft die Suppe mit dem Löffel in der rechten Hand zu essen. Aber lieber ist mir, wenn ich die linke Hand benutzen kann. Ich sehe oft mit Neid den jüngeren Menschen zu, die alles, was sie tun, mit links erledigen dürfen.«

Die Wege zur Umschulung sind unterschiedlich

Auch heute noch gelten Linkshänder oft als unnormal, und die Methoden, die sogar von den eigenen Eltern angewendet werden, können oft qualvoll sein. Auch noch als Erwachsene müssen die Betroffenen dann die Folgen dieser radikalen Umerziehung ausbaden.

»Wie es meine Eltern geschafft haben, weiß ich noch genau«, berichtet eine heute 26-Jährige. »Ein großes Taschentuch um die linke Hand gebunden und total fest verknotet; ein wolliges Kopftuch darüber gebunden und wieder fest verknotet. Meine Hand war zugeschnürt wie ein großer Gummiball. Und dann musste ich üben, üben, üben, ... mit der ›richtigen‹ Hand. Jeden Tag ein paar Stunden lang die gleiche Prozedur! ›Denn bevor du in die Schule darfst, musst du richtig schreiben können!‹, hörte ich sie sagen. So haben sie es geschafft, in den letzten Kindergartenferien. Auch wegen dem richtigen Essen, Malen und Basteln gab es noch jahrelang Kämpfe mit ihnen, für mich waren es fast ›Krämpfe‹. Und dann waren sie noch stolz darauf, verdammt stolz!«

Auch vor körperlicher Züchtigung in der Schule wird nicht zurückgeschreckt, um »pädagogische« Maßnahmen durchzusetzen.

»Nur keinen Ärger wegen deiner Linkshändigkeit!«

Der heute 38-jährige Gymnasiallehrer K. W. hat in seiner Kindheit ebenfalls erfahren müssen, dass eine Umerziehung zum Rechtshänder als pädagogisch sinnvoll angesehen wurde.

»Von freier Entfaltung konnte bei mir in den ersten acht bis zehn Schuljahren keine Rede sein. Meine Lehrer verlangten kategorisch, dass ich die rechte Hand zum Schreiben benutzen sollte.

Dies tat ich auch des lieben Friedens willen, aber nur solange ich ihrer Kontrolle unterworfen war. Unbeaufsichtigt oder zu Hause wanderte der Stift sofort wieder in die linke Hand, mit der ich zwar nicht schöner, wohl aber schneller schreiben konnte. Erst in der Oberstufe kümmerten sich die Lehrer nicht mehr um meine Linkshändigkeit.

Meine Eltern sorgten sich zwar darum, dass ich in der Schule wegen meiner Linkshändigkeit Ärger bekommen könnte. Sie hätten es auch lieber gesehen, wenn ich rechts geschrieben hätte, waren aber im Grunde eher gleichgültig.

Als Linkshänder ergeben sich für mich in der überwiegend rechts orientierten Umwelt manchmal Probleme. Das ist zum Beispiel der Fall bei Scheren, bestimmten Schöpflöffeln, Schulstühlen, die eine integrierte Armlehne haben, im Restaurant, wenn ich beispielsweise den Salatteller auf die andere Seite stellen muss. Ein besonderes Problemfeld sind für mich Telefonzellen, wo der Hörer immer links und das Minischreibpult rechts angebracht sind.

Aber nichts von dem könnte mir das Leben schwer machen. Allerdings empfinde ich es als merkwürdig, wenn ich jemanden mit der linken Hand schreiben sehe. Mir wird dann bewusst, dass ich auf andere auch komisch wirken muss.«

Die linkshändig veranlagten Schüler von K. W. können sich einer Sache sicher sein: Er wird ihnen immer viel Verständnis entgegenbringen.

tipp

In den Vereinigten Staaten von Amerika wurden die Entfaltungsmöglichkeiten von Linkshändern besonders durch die kirchlichen Schulen gegen Ende des 18. Jahrhunderts so stark eingeschränkt, dass der spätere Präsident **Benjamin Franklin** (1706–1790), selbst ein Linkshänder, ein Buch mit dem Titel »Bittschrift der linken Hand an die mit der Beaufsichtigung der Erziehung Beauftragten« veröffentlichte.

Phasen der Liberalität wechselten in den USA mit Phasen restriktiven Vorgehens gegenüber den Linkshändern ab. Dies beweist eine »Meldepflicht für Linkshänder« aus den dreißiger Jahren des letzten Jahrhunderts. Der Plan, durch diese Meldepflicht die Linkshänder auszumerzen, ist schon nach ein paar Jahren gescheitert.

»Gern würde ich es mit links machen«

Die heute 36-jährige Pädagogin B. K. erfuhr eine Umschulung auf die rechte Hand bereits im ersten Schuljahr. Das bedeutete für sie längere Zeit für Schularbeiten und somit weniger Zeit zum Spielen. »Früher«, so äußert sie sich, »gab es Probleme bei der Begrüßung, wenn ich das ›schöne Händchen‹ geben musste.« Sie hatte Probleme, Richtungsangaben wie »links« »rechts« umzusetzen, was sich besonders in der Fahrschule, bei Wegbeschreibungen und beim Lesen von Stadtplänen zeigte.

Das Öffnen von Türen brachte ihr oft Schwierigkeiten, da sie nicht sofort die Klinke finden konnte. Das hatte zur Folge, dass sie oft der Lächerlichkeit preisgegeben wurde.

Es gibt jedoch auch Situationen, in denen sie ihre Linkshändigkeit als vorteilhaft empfindet. Erlahmt beispielsweise die rechte Hand oder ist sie überanstrengt, kann sie bei praktischen Arbeiten mit der linken Hand weiterarbeiten. Nicht selten berichten umgeschulte Linkshänder, dass sie beim Lesen in vielen Fällen wichtige Textstellen mit ihrer rechten Hand herausschreiben und gleichzeitig mit einem Markierungsstift in der linken Hand unterstreichen können.

Eine 24-jährige Europasekretärin empfindet es nicht immer leicht, sich in der rechts orientierten Umwelt zu behaupten.

»Meine Lehrerin in der Grundschule versuchte, mich umzuerziehen. Aber meine Eltern waren dagegen und unterstützten mich weiterhin, mit der linken Hand zu schreiben. Anfangs hatte ich Probleme, einen Füllfederhalter zu benutzen. Diese schreiben nur, wenn man sie als Linkshänder verdreht hält. Dadurch habe ich mir auch eine Schreibweise angewöhnt, die verhindert, dass das Geschriebene mit der Hand verwischt wird. Zudem habe ich lange Zeit in Spiegelschrift geschrieben.

Heute habe ich oft das Problem, links und rechts zu unterscheiden. Wenn mich spontan jemand auffordert, nach rechts zu schauen, drehe ich mich nach links um. Des Weiteren sind Scheren für mich oft ein Problem, wenn sie ein kleines und ein großes Griffloch haben. Als Linkshänder verwendet man sie genau umgekehrt, was weh tut.«

Für Linkshänder, die ebenfalls schlechte Erfahrungen im Umgang mit Gebrauchsgegenständen für Rechtshänder gemacht haben, mag es daher gerecht erscheinen, dass immer mehr Läden eröffnet werden, die sich auf die Bedürfnisse der linkshändig veranlagten Menschen einstellen.

Aus einer anderen Sicht

Der 19-jährige Schüler R. L. ist im Hinblick auf seine Linkshändigkeit sehr selbstbewusst. Er sieht seine linkshändige Veranlagung nicht als besonderes Phänomen an.

»Ich als Linkshänder sollte vielmehr voll guten Mutes die Frage stellen, ist nicht die rechtshändige Veranlagung ein besonderes Phänomen? Ist es nicht erstaunlich, dass nur auf Grund von Erziehung und äußerem Einfluss einem Teil der Bevölkerung die Rechtshändigkeit zumindest teilweise aufgezwungen wird? Die Frage nach der Besonderheit der einen oder anderen Veranlagung ist doch nur eine Frage des Betrachterstandpunktes. In diesem Sinn fühle ich mich auch nicht hilfsbedürftig und nicht mit meiner Linkshändigkeit allein gelassen inmitten unserer Gesellschaft.«

Dieses Selbstbewusstsein rührt wahrscheinlich daher, dass R. L. nie einer Umerziehung zum Rechtshänder unterworfen wurde. Nur in einem Punkt ist er der rechts orientierten Gesellschaft angepasst. Die Geige spielt er in der üblichen Weise mit dem Bogen in der rechten Hand.

Hilfen für Linkshänder

Schicksale wie die beschriebenen sind in ähnlicher oder sogar noch drastischerer Form der Ersten deutschen Beratungs- und Informationsstelle für Linkshänder und umgeschulte Linkshänder mit Sitz in München hinreichend bekannt.

Diese Einrichtung besteht seit 1985; sie hat es sich zum Ziel gesetzt, Linkshänder und umgeschulte Linkshänder bzw. deren Angehörige fachlich zu beraten.

Es kommen nicht nur Eltern linkshändiger Kinder oder Eltern, deren Kind von der einen auf die andere Hand umgeschult wurde und mit den Auswirkungen dieser Umschulung nun zu kämpfen hat, sondern es kommen auch Linkshänder, die vor einer Berufswahl stehen. Vertrauensvoll wenden sich auch Linkshänder an die Beratungsstelle, die Schwierigkeiten am Arbeitsplatz haben. Aber auch Linkshänder, die mit den unterschiedlichsten Alltagsproblemen konfrontiert sind, holen sich hier fachlichen Rat ein.

Einen großen Anteil von Ratsuchenden machen umgeschulte Linkshänder aus, die zum Teil unter massiven körperlichen und seelischen Schwierigkeiten leiden.

In der angesprochenen Beratungsstelle werden neben den üblichen Tests spezielle Computeruntersuchungen durchgeführt, die Aussagen über die Seitigkeit des Betroffenen machen. Auch die gehirnhemisphärische Lokalisation des Sprachzentrums wird getestet. Bei solchen Tests fällt auf, wie wenig die Eltern betroffener Kinder zuvor die Veranlagungen ihres Kindes beobachtet hatten.

Durch die Linkshändigkeit des Kindes können massive Konflikte zwischen den Eltern selbst und sogar zwischen den Eltern und Großeltern auftreten.

Welche zum Teil traumatischen Auswirkungen sich ergeben können, spiegelt der Bericht einer Sechsundzwanzigjährigen wider. Sie selbst spricht im Zusammenhang damit von einer »unmenschlichen Prägung«.

»Linkshändig: Das war das Erste von dem, was ich (bewusst) mitgekriegt habe, das sie an mir gewaltsam geändert haben. ›Linkshändig sein, das ist das Allerletzte.‹ Jahrelang haben sie es uns so eingebläut: links = falsch, unmöglich, abnormal, eine Unzucht, unsauber, falsch erzogen, geschmiert.

Die Mutter hat es ja auch nicht anders gekannt. Sie hat ja 30 Jahre lang nichts anderes zu hören bekommen von der Oma, obwohl die Oma selbst Linkshänderin ist.

Die Oma war die treibende Kraft. ›Kindern muss man das austreiben mit aller Gewalt!‹ Die Begründungen der Oma waren ekelhaft. Nichts als Vorurteile, verleumdend, diffamierend.

Gründe gab es genug, und Mittel zum ›Austreiben‹ haben sie gesucht. Erst einmal mit sanfter Gewalt: Schimpfen, Drohungen, Versprechungen, Bestrafung. Mit schönen Sachen haben sie gelockt. Aber immer wieder habe ich in die linke Hand gewechselt, immer und immer wieder.

Getobt haben sie und gedroht, dass ein Kind erst dann in die Schule dürfe, wenn es rechts schreiben könne. Wo ich mich doch so auf die Schule gefreut habe.«

Die Äußerungen einer 23-jährigen Kindergärtnerin (»... meine Schwierigkeiten beim Ausdruck und in der Rechtschreibung, meine Vergesslichkeit und Konzentrationsstörungen ...«) deuten an, unter welchen Sekundärfolgen einer Umschulung erwachsene Pseudorechtshänder leiden können: Gedächtnis- und Konzentrationsstörungen, Sprachschwierigkeiten (z.B. Stottern), Lese-Rechtschreib-Schwierigkeiten.

Probleme in der Berufswelt

In vielen Bereichen des täglichen Lebens müssen die Linkshänder im Vergleich zu rechtshändig veranlagten Menschen immer wieder Schwierigkeiten kleinerer und größerer Art meistern.

Die Probleme mit Telefonwahlscheiben und Drehschaltern aller Art werden zwar durch den Einsatz von Schaltknöpfen und modernen Kippschaltern gemindert. Bei der Schere jedoch fängt das Problem schon an und setzt sich beim Kartoffelschälmesser und bei den Bedienungselementen von Haushaltsgeräten, Maschinen und Autos fort. Spezielle Angebote von Industrie und Handel könnten in dieser Beziehung sicherlich weitgehend Abhilfe schaffen.

Die meisten **Arbeitsunfälle** an Maschinen verursachen auf rechts umgeschulte Linkshänder. Die meisten **Scharfschützen** sind vermutlich wegen ihres ausgeprägten räumlichen und perspektivischen Vorstellungsvermögens Linkshänder.

Heutzutage gibt es noch eine Reihe von Berufen, die für Linkshänder nicht so ohne weiteres zu ergreifen sind. Wir dürfen nicht vergessen, dass der Linkshänder durch seinen anderen Handgebrauch benachteiligt ist und sich erst an rechtshandgerechte Einrichtungen und Situationen anpassen muss.

Wen wundert es da noch, dass laut statistischen Untersuchungen sowohl linkshändige Frauen als auch Männer im Vergleich zu Rechtshändern mehr Arbeitsunfälle und mehr Verletzungen beim Sport und im Haushalt erleiden?

Bei Autounfällen, so weisen die statistischen Zahlen aus, ist die Unfallrate bei linkshändigen Menschen sogar doppelt so hoch wie bei Rechtshändern.

Die Gründe für die Verletzungshäufigkeit sind leicht einzusehen: Die technische Welt ist ja fast ausschließlich auf die Bedürfnisse der Rechtshänder ausgerichtet.

Dies zeigt sich in einer Vielzahl von Gegenständen, mit denen wir im beruflichen und im privaten Bereich umgehen. Nicht nur

Maschinen, Küchen- und Laboreinrichtungen (um nur einige Beispiele zu nennen) können besser mit rechts benutzt werden, sondern es gibt auch eine Reihe beruflicher und gesellschaftlicher Situationen, in denen Linkshänder durch festgelegte Abläufe benachteiligt sind.

Dies finden wir zum Beispiel wieder in Teamworkabläufen, beim Assistieren im Krankenhaus, in der Arzt- oder Zahnarztpraxis und nicht zuletzt im Restaurant, wo aus der Sicht des Linkshänders von der »falschen Seite« aus bedient wird.

Linkshänder-Stenografie

Bedauerlich ist auch, dass das Recht auf Linkshändigkeit noch lange nicht in allen behördlichen Richtlinien, die sich auf Schule und Ausbildung auswirken, festgeschrieben ist.

Diese Erfahrung machte eine 18-jährige umgeschulte Linkshänderin, die alles, außer Schreiben mit der linken Hand, machte. Sie besuchte eine Handelsschule mit dem Berufszweig Bürowirtschaft. In keinem Fach hatte sie Schwierigkeiten, außer bei der Stenografie. So fiel es ihr sehr schwer, die Zeichen oder Kürzel genau zu setzen. Sie schrieb zudem sehr langsam. Daher hatte sie vor jeder Stenoarbeit panische Angst.

Wie hätte ihr geholfen werden können?

Was sie vielleicht nicht wissen konnte, ist, dass seit Jahren die »Vereinigung Rationelle Stenografie« in Hanau Informationsmaterial für Links-Stenografie anbietet.

Der Grafiker und Stenolehrer Dieter W. Dominik hatte sich seinerzeit Gedanken über eine linksläufige Stenografie gemacht. Dabei stieß er auf die Stiefografie (auch Rationelle Stenografie genannt).

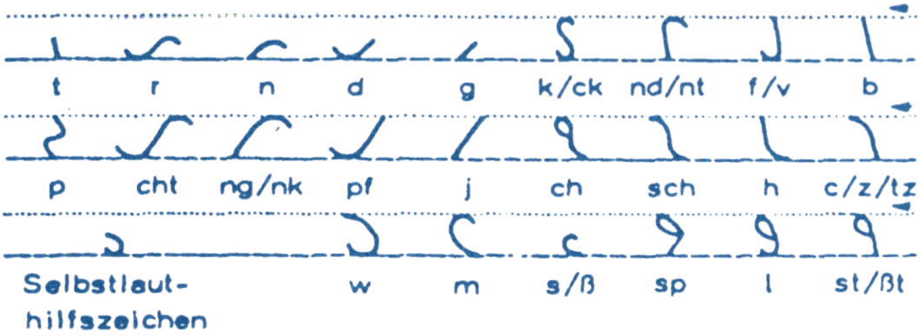

Beispiel für Links-Steno

Diese von dem Frankfurter Parlaments-Stenografen Helmut Stief entwickelte Einfachkurzschrift wird von rechts nach links geschrieben und kommt damit der Bewegungsdynamik der Linkshänder entgegen. Links-Steno ist nichts anderes als gespiegelte Stenografie.

Alle bisher bekannten Kurzschriftarten waren ja ausschließlich dazu bestimmt, mit der rechten Hand geschrieben zu werden. Während bei der Schreibschrift unter Umständen zugunsten der Leserlichkeit auf Tempo verzichtet werden kann, kommt es ja bekanntlich bei der Kurzschrift auf Zehntel-, ja sogar auf Hundertstelsekunden an.

Läden für Linkshänder haben den richtigen Dreh raus

Als einer größeren Gruppe von Linkshändern, die verschiedenen Altersgruppen angehörten, die Frage gestellt wurde: »In welcher Hinsicht könnte in unserer Gesellschaft linkshändig veranlagten Menschen geholfen werden?«, wurden folgende Antworten am häufigsten gegeben:

- keine Umerziehung (»kein Umdressieren«) auf rechts
- die linksseitige Veranlagung einfach zu akzeptieren wäre wohl die größte Hilfe

- mehr Gebrauchsgegenstände, die unserer linksseitigen Veranlagung entgegenkommen
- Aufheben von Anstandsregeln, die die rechte Seite bevorzugen (z.B. Lage des Bestecks, Getränke sind von der rechten Seite her einzugießen)

Mehr als acht Millionen Linkshänder in der Bundesrepublik fühlen sich in unserer Gesellschaft im wahrsten Sinne des Wortes links liegen gelassen.

Legt man jedoch die Vererbungstheorie zugrunde, dann müsste die Zahl der Linkshänder wesentlich höher liegen. Ein hoher Prozentsatz unserer Mitmenschen sind demnach »verkappte Linkshänder«, die auf rechts manipuliert wurden.

Wussten Sie, dass ...

... die Angewohnheit arabischer Nomaden, ausschließlich mit der rechten Hand zu essen, offensichtlich rituelle Gründe hat?

... für rituelle Handlungen die **Aschkas** (Delaware-Indianer) den ovalen Pfad mit Truthahnschwingen, auf dem die Tänzer die beiden Feuer umkreisen, fegen, wobei sie diese in der linken Hand halten? Denn die Linke ist für sie heilig, die Rechte unheilig.

Was für den Rechtshänder im Alltag einfach und bequem erscheint, wird für den Linkshänder oft zu einem großen Hindernis in Alltagssituationen. Der rechts orientierte Mensch macht sich sicherlich keine Vorstellung davon, welche vielschichtigen Probleme für den mit links Hantierenden auftreten können.

Um diesen Mitmenschen den Alltag in einer »rechten Welt« zu erleichtern, wurden in der Bundesrepublik Deutschland, aber auch in anderen europäischen Ländern wie z.B. in der Schweiz, in Österreich, Dänemark und England sowie in den USA und in Kanada sowie Australien Läden für Linkshänder eröffnet. Dort werden Artikel und Gebrauchsgegenstände vor allem für Haushalt, Schule und Beruf angeboten, die für die Handhabung mit der linken Hand konstruiert sind.

Verständlich, dass die Einrichtung von Läden für Linkshänder von diesen begeistert aufgenommen wurde. Ist es nicht vorteilhaft für die Betroffenen zu wissen, dass es nun kein Kleckern

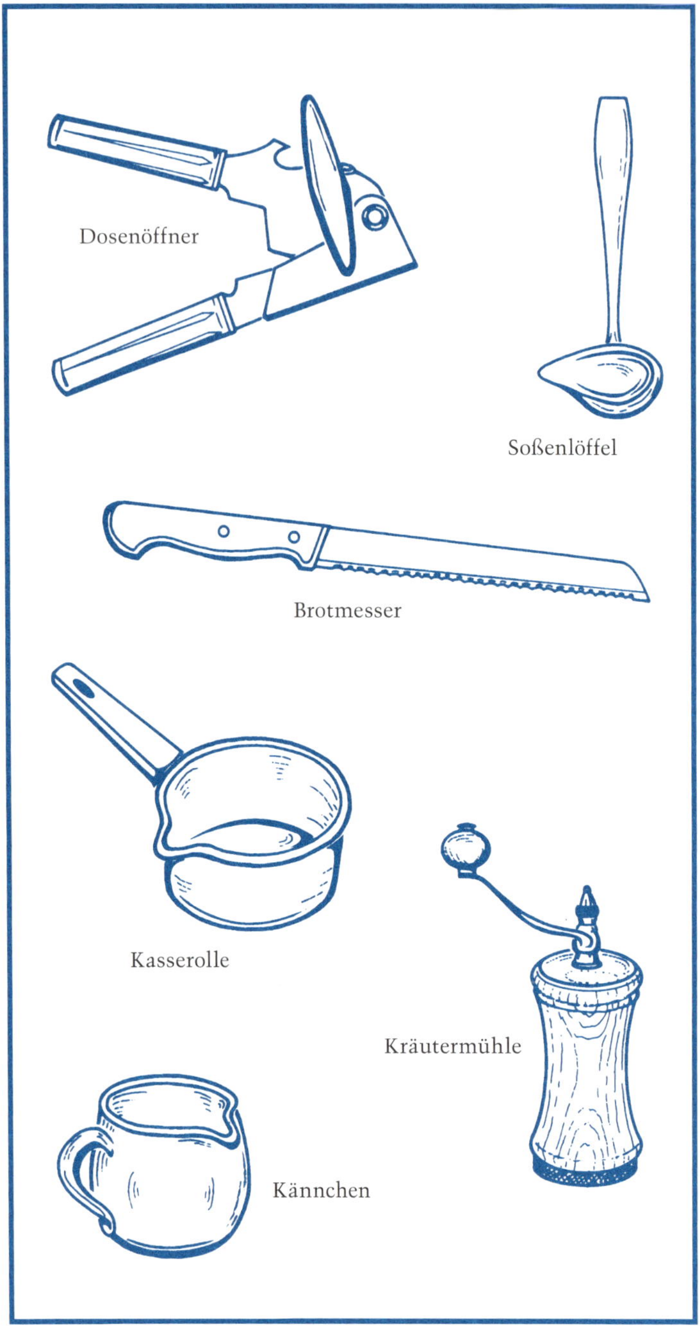

Das Rechte für den Linkshänder

mit dem Soßenlöffel mehr gibt, dass man dank einer Brotschneidemaschine mit links leichter Brotscheiben abschneiden kann und es nun endlich schafft, ohne Verrenkungen den Korken aus der Weinflasche zu ziehen, da der Korkenzieher nun den richtigen Dreh hat?

Die Linkshänder-Läden bieten neben einer großen Auswahl von Varianten im Hinblick auf Kasserollen und Schöpflöffeln auch verschiedene Ausführungen von Töpfen und speziellen Scheren an, die es dem Linkshänder ermöglichen, mit den Muskeln seiner Hand zu arbeiten und nicht gegen sie.

Ob man Sonderanfertigungen wie Menübestecke, Kinderschräglöffel, Taschenmesser oder Küchenmesser mit Linksanschliff sucht, Kartoffelschäler oder Gartenscheren mit verändertem Druckpunkt usw., Bügeleisen mit »seitenverkehrter« Skala und einem Kabel, das nicht mehr im Wege ist, benötigt, in den Regalen der Linkshänder-Läden liegen sie jederzeit für die linke Hand griffbereit.

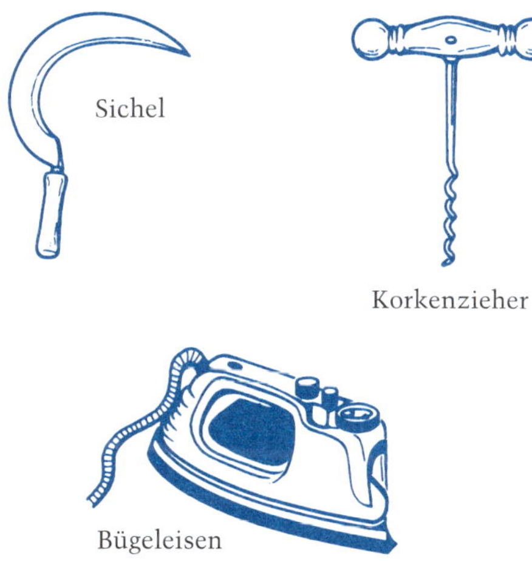

Nicht für die rechte Hand bestimmt

Sowohl Büchsen- und Dosenöffner sind nun unentbehrlich für die linke Hand als auch Transchiermesser und Messbecher (Küchenmaß), die für den Linkshänder speziell angefertigt werden. Ebenso wenig fehlen das Bandmaß und Rollenbandmaß, deren Zahlen senkrecht zur Messeinteilung aufgetragen sind.

Sicherlich hat sich schon mancher Linkshänder beim ungeschickten Hantieren mit einem rechts geschliffenen Mähmesser verletzt. Aber keine Sorge, das Gras braucht deswegen nicht ungeschoren im Linkshänder-Garten zu wachsen.

Linkshänder-Läden bieten eine spiegelverkehrte Sichel an. Erleichtert werden Linkshänder zur Kenntnis nehmen, dass sich nun ohne Drehen, dafür aber durch Hebeldruck, mit ihrer starken Hand die Salz- und Pfeffermühlen bedienen lassen, die sie in verschiedenen »kaufmännisch links eingestellten« Läden kaufen können.

Das berühmte Schweizer Offiziersmesser gibt es natürlich auch für Linkshänder – mit dem richtigen Einbau des Büchsenöffners, der korrekten Drehrichtung des Korkenziehers usw. – für eine bequeme und sichere Handhabung mit der linken Hand.

Wer das Besondere sucht, findet es (im Allgemeinen) auch: den Bumerang, der mit links durch die Luft geschleudert wird, und die Blockflöte, die es ermöglicht, das tiefe C fingerfertig leicht zu erreichen.

Aber auch Zeichenmaschinen für den technischen Beruf, Füllfederhalter (damit in der Schule gleiche Chancen gegeben sind), Taschenmesser für eine bequeme und sichere Handhabung mit der linken Hand und nicht zuletzt elektronische Rechner mit seitenverkehrten Bedienungselementen fehlen nicht im Angebot.

Auch für den Freizeitbereich gibt es Extras für Linkshänder: So sind Fotoapparate eigens für ihn angefertigt, und hilfreiche Lehrbücher bringen ihm Stricken, Häkeln und Sticken bei, natürlich mit links ausgeführt.

auf den punkt gebracht

Die Beratungs- und Informationsstelle für Linkshänder und umgeschulte Linkshänder in München hat seit vielen Jahren zahlreiche interessante Fakten zu Alltagserfahrungen von Linkshändern zusammengetragen und in einem Forschungsprojekt »Händigkeit und Folgen der Umschulung der Händigkeit« (zusammen mit der ONRS) ausgewertet.

Jeder Linkshänder sollte sich immer wieder bewusst machen, dass seine Veranlagung auch einen beachtlichen Vorteil aufweist, denn sie bewahrt ihn vor dem normalen Ungeschick des Rechtshänders mit der linken Hand!

Wahrscheinlich die extremste negative und abwertende Haltung gegenüber Linkshändern finden wir in der Schöpfungsgeschichte der nordamerikanischen Irokesenstämme:

(...) Da nahm der Mann zwei Pfeile aus seinem Köcher und legte sie kreuzweise über den Körper des Mädchens. Als das Mädchen erwachte, fand es, dass es Zwillingen das Leben schenken sollte. Diese Zwillinge stritten schon vor ihrer Geburt miteinander. Als die Zeit kam, da sie das Licht der Welt erblicken sollten, wurde der eine Zwilling, der »Der Rechtshändige« genannt wurde, ganz normal geboren. Der zweite aber, der »Der Linkshändige« genannt wurde, war so stur und verursachte seiner Mutter solche Schmerzen, dass sie bei seiner Geburt starb. Die Zwillinge begruben ihre Mutter ...

... Während die Brüder aufwuchsen, konnten sie in nichts übereinstimmen. Die Zwillinge besaßen schöpferische Kräfte und schufen viele Dinge auf dieser Erde. Der Rechtshändige erschuf die schönen hohen Bäume, wie Tannen und Fichten. Der Linkshändige störte das Wachstum der Bäume und machte, dass sie verkümmerten und ihre Stämme krumm und knotig wurden. Einige Schöpfungen des Rechtshändigen bedeckte er mit Dornen und giftigen Früchten.

Der Rechtshändige erschuf die Hirsche und Rehe. Der Linkshändige erschuf den Puma, der die Hirsche tötete. Der Rechtshändige erschuf noch viele andere Tiere, aber immer wieder erschuf der Linkshändige eines, das das erste zerstörte. Der Rechtshändige erschuf wunderschöne Flüsse, Quellen, klares Wasser, hohe Berge, Beeren und Früchte. Und wie immer erschuf der Linkshändige Dinge wie reißende Strömungen, giftige Wurzeln, Pflanzen und Giftschlangen. Endlich, als die Zwillinge mit der Erde fertig waren, erschuf der Rechtshändige den Menschen aus rotem Lehm. Er brachte den Menschen auf die Erde, dass dieser mit den anderen Kreaturen leben sollte. Die Welt, die die Zwillinge erschaffen hatten, war wohl ausgewogen. Der

Streit der Zwillinge endete auch nicht, nachdem sie schon zu Männern herangewachsen waren. Sie forderten sich gegenseitig zum Kampf auf. Dieser Kampf sollte entscheiden, wer von den beiden die Erde beherrschen würde. Sie kämpften tagelang. Am Ende siegte der rechtshändige Zwilling, der linkshändige dagegen wurde für immer von der Erde verbannt.

Diese Geschichte erklärt, weshalb jeder Mensch Gut und Böse in sich hat. Ganz gleich, wie schlecht ein Mensch werden kann, etwas Gutes ist doch immer in ihm. Und wenn ein Mensch auch noch so gut ist, existiert doch etwas Böses in ihm. Der rechtshändige Zwilling herrscht immer noch über die Erde und behütet die Menschen, aber die böse Macht des Linkshändigen ist in jedem Menschen vorhanden.

berühmte linkshänder

Sehr häufig kann man beobachten, dass Linkshänder geschickt, sehr sensibel und kreativ begabt sind. Andererseits sind sie aber seelisch auch sehr leicht verletzbar. Der linkshändig veranlagte Mensch hat mit seiner Händigkeit oft auch eine entsprechende seelische Struktur ererbt.

Hinzu kommt noch, dass viele umgeschulte Linkshänder die Folgen ihrer Umschulung durch erhöhten Leistungseinsatz zu kompensieren versuchen. Sie sind bestrebt, die durch die Umschulungsfolgen entstandenen Benachteiligungen durch besondere Anstrengungen auszugleichen, um eine ihrer Intelligenz entsprechende Leistung in der Gesellschaft zu erbringen. So kommt es bei einer bestimmten Gruppe der umgeschulten Linkshänder durch diesen erhöhten Leistungseinsatz nicht nur zu einer Kompensation, sondern sogar zu einer Überkompensation (Demosthenes-Effekt), der sie dann besonders große Leistungen erbringen lässt.

Der berühmte griechische Volksredner Demosthenes hat seine Sprachbehinderung (Stottern) dadurch überwunden, dass er mit Kieselsteinen im Mund die Geräusche der Meereswellen durch lautes Sprechen übertönt hat.

So stellen auf zahlreichen Gebieten der Kulturgeschichte Linkshänder ihre Begabung und Leistungsfähigkeit immer wieder unter Beweis.

Folgende Namen bezeugen dies beispielhaft:

Kunst:

Leonardo da Vinci, Michelangelo, Peter Paul Rubens, Henri de Toulouse-Lautrec, Paul Klee, Pablo Picasso, Adolf von Menzel, Ludwig von Schwanthaler, Albrecht Dürer, M. C. Escher

Musik:

Karl Philipp Emanuel Bach, Ludwig van Beethoven, Nicolo Paganini, Robert Schumann, Jimi Hendrix, Paul McCartney, Bob Dylan

Film:

Charlie Chaplin, Greta Garbo, Rex Harrison, Danny Kaye, Shirley McLaine, Marilyn Monroe, Robert Redford, Heidi Kabel, Peter Weck, Ottfried Fischer, Klaus Kinski, Horst Frank

Geistes- und Naturwissenschaften:

Hans Christian Andersen, Lewis Carroll, Benjamin Franklin, Hermann von Helmholtz, Friedrich Nietzsche, Iwan Pawlow, Ludwig Uhland, Albert Einstein

Sport:

Jimmy Connors, Rod Laver, John McEnroe, Martina Navratilova, Jörg Roßkopf, Bubi Scholz, Pelé, Mark Spitz, Bruce Jenner, Diego Maradonna, Giovane Elber, Timo Boll

Politik:

Hans Apel, Napoleon Bonaparte, George Bush, Gajus Julius Cäsar, Gerald Ford, Alexander der Große, Franz Josef Strauß, Harry Truman, Königin Elizabeth II., Bill Clinton

Leonardo da Vinci

Er zeichnete und schrieb mit der linken Hand sogar spiegelverkehrt: der geniale Leonardo da Vinci (1452–1519). Hier: »Selbstbildnis«, um 1512–1515, Turin, Kgl. Bibliothek. Seine Kunstwerke tragen Züge, die für linkshändiges Arbeiten charakteristisch sind. Die Maschinenentwürfe, die er schuf, sind für die Bedienung von der linken Seite aus gedacht.

Paul McCartney

Paul McCartney – legendäres Mitglied der Beatles. Er ließ sich seine Gitarre andersherum besaiten, damit er ungehindert spielen konnte.

Charlie Chaplin

Charlie Chaplin (Charles Spencer, 1899–1977) war ein vielseitiges Künstlertalent. In einem seiner zahlreichen Filme spielt er, ganz wie der Teufel, die Geige mit der linken Hand. Er ließ sich dazu eine Geige für Linkshänder anfertigen, damit er seine musikalischen Fähigkeiten im Film besser zur Geltung bringen konnt. In einer anderen Filmszene zählt er Banknoten ebenso rasch mit der linken Hand wie mit seiner rechten.

Lewis Carroll

Ein hervorragender Schriftsteller und Wissenschaftler war der Professor für Mathematik Charles L. Dogson (1832–1889), bekannt unter dem Namen Lewis Carroll, Verfasser des berühmten Kinderbuches »Alice im Wunderland«. Lewis Carroll war ein besonders charakteristischer Linkshänder, bei dem sich gewissermaßen alle Phänomene der Linkshändigkeit vereinigt finden. Er schrieb geläufig Spiegelschrift, und schon der Titel seines Buches »Through the Looking-Glass« zeigt, wie sehr ihn das Problem der spiegelbildlichen Umkehrung interessierte. Er stotterte wahrscheinlich infolge von Umerziehung so sehr, dass er seine Absicht, Prediger zu werden, aufgeben musste.

Bill Clinton

Linkshänder Bill Clinton. Als 42. Präsident der USA hat er das Land ins neue Jahrtausend geführt.

Albert Einstein

Albert Einstein (1879–1955) – ein Genie, das mit links ein neues Weltbild schuf. Nach eigener Aussage war er als Schüler weder besonders gut noch besonders schlecht. Seine Hauptschwäche war ein schlechtes Gedächtnis, besonders für Worte und Texte. Erzieherische Methoden, die auf Angst, Gewalt und künstlicher Autorität beruhten, hemmten Einstein in seiner Entfaltung. Der umgeschulte Linkshänder Einstein konnte als Schüler den damals üblichen Drill des Auswendiglernens in der Schule nicht leiden. Dagegen bevorzugte er selbstständiges Arbeiten und Selbststudium, das aufs Engste verknüpft war mit seiner leidenschaftlichen Wissbegier. Eine große Liebe empfand er zur Musik.

Unter den Künstlern, besonders unter den Malern, sind viele Linkshänder zu finden. Dies ist ohne weiteres verständlich, denn der Künstler benötigt für seine Arbeit schöpferische Fähigkeiten, Fantasie und Intuition – alles Eigenschaften, die beim Linkshänder stärker im Vordergrund stehen als beim Rechtshänder.

Die »natürliche« Bewegungsrichtung des Linkshänders verläuft sowohl vom Arbeitstechnischen her als auch wahrnehmungsgemäß von rechts nach links im Raum. Wie schon einmal angesprochen, haben linkshändige Kinder das Bedürfnis, oben rechts in der Ecke zu beginnen und nach links herüber zu schreiben und zu lesen. Bei den Rechtshändern ist es umgekehrt.

Wissenschaftler haben herausgefunden, dass die rechte Gehirnhemisphäre, also diejenige, die bei Linkshändern betont ist, Raum und Perspektive besser verarbeitet sowie körperliche und bildhafte Vorstellungen auch besser ermöglicht als die linke Gehirnhemisphäre. Außerdem ist in der rechten Hemisphäre das Gefühls- und Ausdrucksverständnis gut ausgeprägt.

Der Raumverarbeitung steht in der linken Gehirnhemisphäre das Zeiterleben gegenüber. In der Regel befindet sich das Sprachzentrum auch in der linken Hemisphäre.

Diese Eigenschaften der rechten Hemisphäre sind ein wesentliches Handwerkszeug des Künstlers. So ist es also nicht verwunderlich, dass sich unter Künstlern viele Linkshänder befinden, die häufig ihr künstlerisches Werk von rechts vorne nach links hinten anlegen.

Um zu beweisen, dass Linkshänder viele positive Begabungen besitzen und künstlerische Schaffenskraft in ihrer linken Hand haben, werden seit einigen Jahren Ausstellungen für linkshändige Künstler in verschiedenen deutschen Städten organisiert (zuerst von der ONRS in München, dann in Weinheim und Bielefeld). Damit soll auch dokumentiert werden, dass linkshändige Künstler ein wichtiger Bestandteil der Kulturtradition sind.

In der Eröffnungsrede zur ersten Ausstellung von Werken linkshändiger Künstler in München 1987 führte Dr. J.B. Sattler aus:

»Wahrnehmungspsychologische Studien haben gezeigt, dass Rechtshänder die linke Bildseite betonen und sie dort wichtige Gegenstände und Personen platzieren. Die rechte Seite hingegen wird eher vernachlässigt.

Bei Linkshändern ist die Dominanz des linken Gesichtsfeldes nicht so ausgeprägt, nicht etwa spiegelbildlich zu Rechtshändern, sondern weniger einseitig, d.h. mehr doppelseitig vertreten.

Der Schweizer Kunsthistoriker Heinrich Wölfflin (1864–1945) hat darauf hingewiesen, dass sich, vom Kompositionellen her gesehen, eine ›Blickbahn im Bild‹ (von links vorn nach rechts hinten) in vielen Gemälden der abendländischen Kunst nachweisen lässt. Mit dieser Gesetzmäßigkeit hängt auch die unterschiedliche Seitenwahrnehmung eines Bildes zusammen.

Die Seitenaufteilung in einem Bild ist nicht gleichgültig. Das kann jeder selbst sehr leicht feststellen, wenn er ein ihm bekanntes Dia umdreht und seitenverkehrt betrachtet.

Ebenso wirkt ein Gemälde auf den Betrachter etwas anders, je nachdem, von welchem Standort aus er es betrachtet. Dies hängt damit zusammen, dass auch das menschliche Gesichtsfeld seitlich entgegengesetzt den Gehirnhemisphären zugeleitet wird.

Wenn man ein Gemälde so betrachtet, dass es im linken Gesichtsfeld erscheint, wird es direkt in die rechte Gehirnhemisphäre geleitet und intensiver räumlich und synthetisch verarbeitet.«

auf den punkt gebracht

In vielen Bereichen des kulturellen Lebens haben linkshändig veranlagte Menschen schon immer Hervorragendes geleistet. Diese Tatsache sollten sich Linkshänder immer wieder bewusst machen, wenn es gilt, sich in einem sozialkulturellen Umfeld behaupten zu müssen.

händigkeit

ein gesellschafts-politisches Problem

Die Behauptung, dass es sich bei den Schwierigkeiten, mit denen sich Linkshänder auseinandersetzen müssen, auch um gesellschaftspolitische Probleme handelt, wird sicherlich von vielen Rechtshändern als Übertreibung oder als eine Überbewertung empfunden.

Je eingehender man sich jedoch mit diesem Themenkomplex der Linkshändigkeit befasst (und dazu will ja dieses Buch einige Anregungen geben), umso deutlicher zeigt sich, dass in unserer Gesellschaft dieses Problem in erheblichem Maß besteht, dessen Tiefenwirkung auf eine linkshändig und linksseitig veranlagte Minderheit stärker ist, als man heutzutage zu wissen meint.

Wussten Sie, dass ...

... noch heute in vielen Kirchen (besonders auf dem Land) die Männer **rechts** sitzen, im Süden (dem Sinnbild des Guten und des zukünftigen himmlischen Lebens), die Frauen hingegen **links**, im Norden (dem Sinnbild des Schlechten und des irdischen Lebens)?

So spielen sich (oft auch unbewusst) repressive Prozesse ab, die, wie in diesem Buch angesprochen wird, auf falsch verstandene Traditionen, fehlende physiologische Kenntnisse, pädagogisches Fehlverhalten und auf ein noch immer hohes Maß an Vorurteilen zurückzuführen sind.

Heutzutage setzt man sich lobenswerterweise mit einer Vielzahl pädagogischer Reformideen auseinander. Ob jedoch ein Schulanfänger die linke oder rechte Hand zum Schreiben benutzen darf, bleibt in manchen Fällen leider noch immer der pädagogischen Grundeinstellung des (physiologisch und psychologisch ungeschulten und oft unzureichend sachinformierten) Lehrers überlassen, von der richtigen Schreibhaltung ganz zu schweigen.

Nicht erst seit heute ist bekannt, dass die erste und wichtigste Entwicklungsphase der Anpassungs- und Lernfähigkeit eines Menschen im wahrsten Sinn des Wortes in seinen Händen liegt. (Der Mensch lernt mit seinen Händen das Begreifen und das Handeln.)

Ein entscheidender Schritt in die Richtung der Akzeptanz und Gleichstellung von linkshändigen Kindern wurde in der Neufassung des Lehrplans für Grundschulen in Bayern (2000) gemacht. Neben verschiedenen Hilfestellungen für linkshändige Schüler wurde dort ausdrücklich darauf hingewiesen, dass »Linkshänder ... nicht zum bevorzugten Gebrauch ihrer nicht dominanten Hand angehalten werden« dürfen. Die angeborene Händigkeit darf nicht umgeschult werden.

Ein Ziel dieses Buches ist es aufzuzeigen, dass der Händigkeit eines Kindes eine große soziale Bedeutung zukommt, die Zukunft und Schicksal des Betroffenen mitbestimmen kann. Linkshändigkeit ist somit ein gesellschaftspolitisches Problem geworden, dem sich Politiker, Ärzte, Psychologen, Eltern, Lehrer und Erzieher nicht verschließen dürfen.

◎ Jeder von uns sollte mit dazu beitragen, dass Menschen entsprechend ihrer Händigkeit frei handeln und sich frei entfalten können.

auf den punkt gebracht

Um gesellschaftlichen Vorurteilen wirksam entgegentreten zu können, ist daher eine konsequente Aufklärung über die physiologischen und psychologischen Zusammenhänge, die mit der Linksseitigkeit in Verbindung stehen, erforderlich.

Mit anderen Worten, wir müssen lernen, die »Andersartigkeit« eines bestimmten Anteils der Bevölkerung zu akzeptieren, und entsprechende Unterstützung und Förderung gewähren.

anhang

Läden und Versand für Linkshänder-Gebrauchsgegenstände (Deutschland)

Baden-Württemberg

Firma Hainlin & Co. Königstraße 1, 70173 Stuttgart

SeLin, Seniorenshop & Linkshändershop, Andrea Freund, Schillerplatz 8, 71638 Ludwigsburg

LAFLI – Laden für Linkshänder, Schulstraße 2, 76571 Gaggenau

Carl Abt KG, Münsterplatz 7, 89073 Ulm/Donau

Bayern

sinErgo, Versand für Linkshänder – auch im Internet, E-Mail: info@sinErgo.com, http://www.sinergo.com Jänos Attila Szöcska, Wasserburger Landstraße 167a, 81827 München

Kaut-Bullinger & Co., Rosenstraße 8, 80331 München

Willi Linkshand's Welt, Versandhandel, E-Mail: WilliLinkshand@web.com, Postfach 43 13 23, 81657 München

Computerbüro und Schulbedarf, Lothar Schuberth, Bogenberger Straße 7, 84048 Mainburg

Linkshänder-Shop, http://www.linkshaender-shop.de E-Mail: info@linkshaender-shop.de, Hannelore Baust, Bohlenplatz 8, 91054 Erlangen

Linkshänderladen und Linkshänderversand Links 24, http://www.links24.net, E-Mail: info@links24.net, Sabine Pichler, Ringstr. 8a, 94081 Fürstenzell

Mach's mit links, Spezialversand für Linkshänder, Willi Högerl, Inderbogen 3a, 94362 Neukirchen

Berlin

Linkshandprodukte bei Spiker, Badstraße 37a, 13357 Berlin

Der Linkshänder-Laden, Uwe Karge, Schmargendorfer Straße 34, 12159 Berlin

Hessen

Guckloch e.K., Material für Psychomotorik und Linkshänder, Schöne Aussicht 11, 35585 Wetzlar-Blasbach

Linkshandartikel Versand und Verkauf, Manfred Link, Goethestraße 15, 63263 Neu-Isenburg

Fachgeschäft für Schulmaterialien und vieles mehr! Kornelia Qetzel, Mathilde-Franziska-Anneke-Straße 16, 68519 Viernheim

Niedersachsen

SINISTRIUS, Der Versand für den Linkshänder, Postfach 1709, 27737 Delmenhorst

LAV – Linkshand-Artikel-Vertrieb, Einzel- und Großhandel (Versand), Klaus Däumler, Postfach 1208, 28785 Schwanewede

RK-Versand, Linkshandprodukte, Rolf Kück, Postfach 1647, 28822 Achim

LAFÜLIKI, Laden für linkshändige Kinder und Versand, Jörg und Cerstin Bayer, Schöttlingerstraße 7a, 31698 Lindhorst

Links-Krams für Kinder & Co
Am Feuerwehrhaus 10
29223 Celle-Altenhagen

Nordrhein-Westfalen

Die LINKE HAND, Versandhandel für Linkshänder, U. Scheuermann-Mielke, Neusser Straße 35, 41564 Kaarst

SML – Stark mit Links, Verkauf und Versand von Linkshandartikeln, Hedwig Stark, Zum Lenzenkamp 2, 41812 Erlkelenz-immenrath

tat & rat, tausendunddrei ideen, Ilona Rosellen, Hattingerstraße 55, 44789 Bochum

Mit LINX*, Handel für LinkshänderInnen, W. Herchenhan, Wiemespfad 24, 47918 Tönisvorst
Tel. (+49-21 56) 70 79
Fax (+49-21 56) 75 74

E-Mail: herchenhan@t-online.de
Lohmann-Schreibwaren, Rensbachstraße 2a, 57080 Siegen-Eisern

Rheinland-Pfalz

Linkshand-Versand, Sabine Hornung, Ottostraße 8, 67551 Worms

Saarland

Eberhardt, Zeughausstr. 4
66740 Saarlouis

Fachhandel für Linkshänder und Seniorenbedarf, Carola Engler, Lachwaldstraße 17, 66740 Saarlouis

Sachsen

lila-Geschenke, Der Internetversand für Linkshänderartikel und besondere Geschenke, www.lila-geschenke.de, E-Mail: info@lila-geschenke.de
Silvio Pfundt, Friedensstr. 23, 01097 Dresden

LIVE, Linkshand- und Bedarfsartikelversand, Marion Zimmermann, Rabenauer Straße 2, 01705 Freital

Sachsen-Anhalt

BLG Fischer (B = Büro, L = Linkshänder, G = Geschenke), Frau Fischer, Steinweg 55, 06110 Halle

Linkshandprodukte im Fachgeschäft für Stahlwaren (nur Schneidinstrumente), Klaus-Peter Lehmann, Große Kalandstraße 10, 06667 Weißenfels

LIVE, Linkshand- und Bedarfsartikel-Versand, Dietlinde Stübner, Im Heidefeld 38, 39175 Wahlitz

Drogerie Pütsch, Hr. Pütsch, Karl-Marx-Straße 1, 39175 Biederitz

Quelle-Agentur
Jacobstr. 7a
39104 Magdeburg

Schleswig-Holstein

Left Hander's World
Bahnhofstr. 2a
25764 Heide

Thüringen

activus e-shopping GmbH, www.linkshaender.de, E-Mail: info@activus.de, Heiko Hilscher, Furthmühlgasse 2, 99084 Erfurt

Interessenvereinigungen (Deutschland)

Erste deutsche Beratungs- und Informationsstelle für Linkshänder und umgeschulte Linkshänder e.V.
Interessenvereinigung für Linkshänder
Deutsche-Brain-Breaking-Hilfe
Sendlinger Straße 17
80331 München
Tel. (0 89) 26 86 14
http://www.lefthander~consulting.org

In der Beratungsstelle werden Händigkeitstests und -beratungen durchgeführt.

Beratung erfolgt im Hinblick auf die Kindergartenzeit, die Zeit der Einschulung und später hinsichtlich einer lockeren Schreibhaltung. Des Weiteren werden die Ratsuchenden über sinnvolle Gebrauchsgegenstände für Linkshänder u.v.a. informiert. Bei Schulschwierigkeiten von umgeschulten linkshändigen Kindern stehen Mitarbeiter beratend zur Seite. Ebenso wird auch bei Problemen von erwachsenen umgeschulten Linkshändern geholfen, und es werden Hinweise auf Chancen und Gefahren einer Rückschulung auf die dominante Hand gegeben. Besonders für nicht umgeschulte Linkshänder können Produktinformationen und Hinweise auf für Linkshänder günstige oder ungünstige Umstände am Arbeitsplatz wesentlich bei der Berufswahl und im Berufsalltag sein.

Zertifizierte Linkshänder-BeraterInnen nach Methodik Dr. Johanna Barbara Sattler, die ihre beruflichen Kenntnisse im pädagogischen und therapeutischen Bereich durch eine Zusatzausbildung erweitert haben, arbeiten im ganzen deutschsprachigen Raum. Namen und Adresse können in der Beratungsstelle in München erfragt werden.

Weiter wird durch Öffentlichkeitsarbeit versucht, das allgemeine Verständnis für Linkshänder in der Gesellschaft zu erhöhen. So werden Fortbildungsveranstaltungen in ganz Bayern und im übrigen Bundesgebiet durchgeführt (insbesondere für Lehrer, Erzieher, Pädagogen, Ergo- und Mototherapeuten, Heilpädagogen, Psychologen und Ärzte).

Die Beratungsstelle arbeitet mit öffentlichen Einrichtungen zusammen, so z.B. mit dem Staatsinstitut für Schulpädagogik und Bildungsforschung, München.

Seit 2002 wird einmal im Jahr, immer zum Internationalen Linkshändertag am 13. August, Spielzeug prämiert, das dem angemessenen Gebrauch sowohl linkshändiger als auch rechtshändiger Kinder gerecht wird (www.lefthander-consulting.org/deutsch/spielzeug.htm).

Trotz der finanziell sehr schwierigen Situation der Beratungsstelle aufgrund allgemeiner Sparmaßnahmen werden Hilfestellungen zur guten Integration linkshändiger Kinder angeboten und durchgeführt. Insbesonders Gruppen zur Vorbereitung einer lockeren Schreibhaltung mit links, als auch Strick- und Häkel-Kindergruppen. Beibehalten wurde auch die telefonische Fachberatung mittwochs zwischen 14 und 15 Uhr. Wer Informationsmaterial zugeschickt bekommen möchte, wird gebeten, Briefmarken beizulegen. Viele Informationen lassen sich auch aus der Internetseite abrufen (www.lefthander-consulting.org/deutsch/Infomaterial.htm).

Die Interessenvereinigung für Linkshänder, die 1985 gegründet wurde, und die Deutsche-Brain-Breaking-Hilfe, in der sich Behandler – Ärzte, Pädagogen und Psycho- und Bewegungstherapeuten – zusammen getan haben, um ihre Erfahrungen und Fragen auszutauschen, arbeiten eng mit der Beratungsstelle in München zusammen. Aus dieser Arbeit qualifizieren sich die zertifizierten Linkshänder-BeraterInnen. In diesem Netzwerk engagiert sich inzwischen eine große Anzahl von Menschen in ganz Deutschland und im deutschsprachigen Ausland und es ist ein funktionierendes Instrument des Engagements für Linkshänder und umgeschulte Linkshänder entstanden. Ziel ist in erster Linie:

- Abbau von Vorurteilen gegenüber Linkshändern durch Aufklärung, Öffentlichkeitsarbeit, Veranstaltungen
- Herstellung der Chancengleichheit für Linkshänder und umgeschulten Linkshänder in Schule, Beruf und Leben
- Erarbeitung von Infomaterial
- Händigkeitstestung und -beratung durch zertifizierte Linkshänder-BeraterInnen
- Kindergruppen zur guten Integration in die immer noch mehr auf Rechtshändigkeit ausgerichtete Gesellschaft.

Weitere Adressen:

Vereinigung Rationelle Stenografie e.V.
(Verein für Stiefografie)
Auwanneweg 72
63457 Hanau
Tel. (0 61 81) 5 14 61

Left Hand Corner
Norbert Martin, Platzhofftstraße 13,
42115 Wuppertal
TeL (02 02)30 51 56
http://www.lefthandcorner.wtal.de

Videofilm für Linkshänder von Karl Heinz Gruber
Bezugsquelle. sinErgo Versand für Linkshänder,
Wasserburger Landstraße 167a, 81827 München
Tel. (0 89) 45 36 26 08, Fax (0 89) 45 36 26 09

Deutsche Linkshänderseite im Internet
http://www.linkshaenderseite.de

Linkshänder-Gebrauchsgegenstände und Interessenvereinigungen (Ausland)

Australien
Left-handed Products
29A Playfair Street,
The Rocks
Sydney 2000

Belgien
Het Universum Volgens de Linkshandigen/L'univers selon les Gauchers, Goutstouwersstraat 4, B-1651 Beersel

Bongo, rue de Flandre 62,
B-1000 Brussels,

Dänemark
Zwilling
J.A. Henckels
Vimmelskaftet 47
DK-1161 Kobenhavn K
(Stroget)

England
Anything Left-Handed Ltd.
57 Brewer Street
London WiR 3FB

18 Avenue Road,Belmont,
Surrey SM2 6JD

5 Charles Street,
Worcester, WR1 2AG

94a Pier Avenue,
Clacton on Sea, Essex

14 Norfolk Avenue,
Christchurch, Dorset

left-handed.com,
21 Harrier Way, Morley
ON THE OTHER HAND, in Shops,
Chester le Street, Co. Durham,

RU-Left-handed
PO Box 1056, Sandhurst,
Berkshire, GU47 oZW

Finnland
Left Over, Anna Kainulainen,
Lapinlahdenkatu 23,
00180 Helsinki

Frankreich
LA MAIN GAUCHE
Z.A. Les Lats n° 13
69510 Messimy

LE GAUGHER (left-handed instruments), 18, rue de Douai,
F-75009 Paris

Irland
ALL THINGS LEFTHANDED
PO Box 3471, Malahide, Co,
Dublin, Ireland

Italien
GYFRINA ITALIA SAS (wholesale),
Via Agugliano 2,
I-60128 Ancona

JASPER STORE
Via Madama Christina, 40,
I-10125 Torino

Via Vigevano 32,
I-20132 Milano

LEFT IS BEAUTIFUL,
Viale Gramsci, 4/H,
I-48016 Milano Marittima

LEFTY Shop
Fabrizio Moretti
Via Guelfa 95
I-50129 Firenze

MONDO MANCINO, G.E.M.,
Via Capitan Bavastro 24,
I-00100 Roma

TUTTO PER I MANCINI
(retail store),
Via Marsala 5,
I-60100 ancona

Kanada

The Lefthander
Ro.B. 211
N.D.G. Station
Montreal, Quebec

Niederlande

Zwilling J.A. Henckels
P.-C. Hooftstraat 43
NL-1071 BM Amsterdam

Zwilling J. A. Henckels
V/H Coutellerie Bastet
Groenmarkt 25
NL-2513 AL Den Haag

Linkshandigen shop,
K.v.k. nr. 08080499
te Deventer

Österreich

Linkshandartikel und Versand
bei ITTERHEIM
Wilhelm Schumak,
Neubaugasse 64–66
A-1071 Wien

Dar Zäodl, Schreibwaren
– Büromaterial –
Linkshändershop,
E-Mail: hagen.erich@telemax.at
Erich Hagen, Jahnstraße 23,
A-6890 Lustenau

Portugal

AHURA, Apatado 33,
P-2735 Cacem

Schweiz

iLinki, Marion Ghulam,
Auerstraße 37,
CH-9435 Heerbrugg

linkerhand Brigitte Eichkorn,
Schlettstadterstraße 34, CH-
4055 Basel

Spanien

DE DRETA ESQUERRA S.L./
Left Links & Esquerrans (shop),
Sant Elies 14,E-08006 Barcelona

LEFTY'S COMPANy,
Serrano 162,
E-28002 Madrid

ZURDOMANIA,
c/Isaac Albéniz nº 21-3ºA y D,
E-18012 Granada

ZURDOLANDIA/ZURDOMODO,
Apto. Correos 3057,
E-48015 Bilbao

Türkei

SOL ELIM,
Karum Alışveriş Merkezi
Kat:2 No:481,
Kavaklıdere, Ankara

USA

The Left-Handed Complement
4229 Noeline Avenue
Encino, California 91436
Lefthanders International
PO Box 8249
Topeka, Kansas 66608

(Die Organisation wurde 1975 gegründet. Sie bringt das LEFT HANDER MAGAZINE heraus. Es erscheint in allen 50 Staaten der USA und in verschiedenen anderen Ländern.)

Literaturverzeichnis

Babel, Nora: Störer der Ordnung: Linkshänder. Frankfurter Allgemeine Magazin, Heft 576, 15.3.1991

Bindel, R.: Der Lateralitätseffekt im Wahrscheinlichkeitslernen fünfjähriger rechts- und linkshändiger Kinder. Studia Psychologica 1983

Blakeslee, Thomas R.: Das rechte Gehirn. Das Unbewußte und seine schöpferischen Kräfte. Freiburg i.Br. 1988

Cohen, J.: Sprachstörungen, Händigkeit und Hemisphärendominanz. Der Sprachheilpädagoge 1981, Heft 3, S. 12–27

Degen, Rolf: Warum es Rechts- und Linkshänder gibt. Neue Zürcher Zeitung vom 30.12.1987

Degener, Günther: Neuropsychologie und Hemisphärendominanz. Klinische Psychologie + Psychopathologie. Stuttgart 1978

Der Rechtshänder ist erst 250 000 Jahre alt. In: Frankfurter Allgemeine Zeitung vom 6.5.1985

Dominik, Dieter W., Stief, Helmut: Links-Steno, Grundschrift und Aufbauschrift. Vertrieb: Verlag der Vereinigung Rationelle Stenografie e.V., Auwanneweg 72, 63457 Hanau

Fischer, Klaus: Rechts-links-Probleme in Sport und Training: Studien zur angewandten Lateralitätsforschung. Schorndorf 1988

Fischl, B.: Umgeschulte Linkshänder – Der Knacks im Gedächtnis. In: Münchener Medizinische Wochenschrift Nr. 8/86, S. 28

Friedmann, F.: Manipulation der Hand – Massiver Eingriff im Gehirn ohne Blutvergießen. In: Ärzte Zeitung, 5.2.1987, S. 28

Furler, D.: Zarte Farben – Unendliche Harmonie im umgekehrten Raum. In: Ärzte Zeitung, Nr. 124, 8.7.1987, S. 27

Gertzen, J.: Probleme linkshändiger Kinder in der Schule für Sprachbehinderte unter besonderer Berücksichtigung der Schreibhaltung. Unveröffentlichte Arbeit im EB Sonderpädagogik der PH Heidelberg 1985

Glees, P.: Unser Gehirn – nur zur Hälfte benutzt? In: Die Welt Nr. 275, 1961

Grass, Günther: Die Linkshänder. In: Deutschland erzählt. Von A. Schnitzler bis Uwe Johnson. Frankfurt/Main 1962, S. 280–285

Heuck, Sigrid: Ponny, Bär und Apfelbaum. Stuttgart 1983

dies.: Ponny, Bär und Abendstern. Stuttgart 1985

dies.: Ponny, Bär und Papagei. Stuttgart 1983

Hopf, A.: Die Architektur des Gehirns. In: Bild der Wissenschaft. Stuttgart 1969, S. 57–64

Kater, Kolja: Rechts nur aus Gewohnheit? In: Die Zeit, Nr. 6 vom 31.1. 1975

Kornmann, R.: Linkshändigkeit. In: R. Schwarzer (Hrsg.): Beraterlexikon, München 1977

Kramer, Josefine: Linkshändigkeit – Wesen, Ursachen, Erscheinungsformen. Solothurn 1970

Lammers, H.J.: Über Rechts und Links in alten Überlieferungen und Mythen. In: Konferenz über Defektologie 1957. Praha 1958

Lietzmann, Sabina: Wo »links« Schicksal, nicht Gesinnung ist. In: Frankfurter Allgemeine Zeitung vom 4.11.1974

Linkshänder – Umerzogene leiden oft ihr ganzes Leben lang. In: Selbsthilfe Gruppen. Eine Dokumentation der Ärzte Zeitung mit Unterstützung der Bundesärztekammer und des Deutschen Ärztetages. Neu-Isenburg 1988, S. 100

Lucas, Robert: Links, Linker, Linkisch. In: Die Zeit, Nr. 44 vom 31.10. 1969

Meyer, Rolf W.: Ist Händigkeit genetisch bedingt? In: Unterricht Biologie 167, 1991, S. 28–31

Migräne häufiger bei Linkshändern. In: Frankfurter Allgemeine Zeitung vom 3.11.1982

Müller, Werner: Die Religionen der Waldlandindianer Nordamerikas. Berlin 1956

Olsson, Bo, Rett, Andreas: Linkshändigkeit. Bern, Stuttgart, Toronto 1989

Paul, Diana: Das Linkshänderbuch. München 1994

Prahl, Hans-Werner: Sind Linkshänder intelligenter? In: Die Zeit, Nr. 3 vom 15.1.1971

Rett, Andreas, Kohlmann, Thaddäus, Strauch, Günther: Linkshänder. Analyse einer Minderheit. Wien 1973

Rettich, Margret: Besuch für Tom und Mia. Ri Ra Rutsch-Lesebilderbuch. Bindlach 1986

dies.: Vom Huhn, das so allein war. Ri Ra Rutsch-Lesebilderbuch. Bindlach 1986

Richberg, I.-M.: Linkshänder soll man nicht auf den »Rechten Weg« zwingen. In: Ärzte Zeitung, Nr. 90, 15/16.5.1987, S. 87

Sattler, Johanna Barbara: Ikonographische und psychologische Aspekte der Seitigkeit in der Kunst. München 1983

Sattler, J.B.: Linkshänder — Psychische Probleme durch Umschulung. In: Psychologie heute. Heft 10/85, S. 8—10

Sattler, J.B.: Umschulung der Händigkeit. Ein massiver Eingriff ins menschliche Gehirn. In: Lernen – Fördern. Zeitschrift für Eltern, Lehrer und Erzieher Heft 5, 10/86, S. 10–11

Sattler, J.B.: Umgeschulte Linkshänder – Links vorbeitherapiert. In: Münchener Medizinische Wochenschrift, Nr. 4/87, S. 16

Sattler J.B.: Hilfe für Linkshänder. In: Psychologie heute, Heft 5/87, S. 15–16

Sattler, J.B.: Psychische Probleme durch Umschulung der Händigkeit. In: 9. Congress on Physiological Sciences, Istanbul Faculty of Medicine, University of Istanbul. 22–25.9.1987, S. IV

Sattler, J.B. und D. Krippner: Das linkshändige Kind bei Schuleintritt. In: Materialien für Schulberatungsstellen. Staatsinstitut für Schulpädagogik und Bildungsforschung. München 1987

Sattler, J.B.: Das linkshändige Kind bei Schuleintritt. In: Empfehlungen zur Aufnahme des Kindes in die Grundschule. Staatsinstitut für Schulpädagogik und Bildungsforschung. München 1989, S. 139–149

Sattler, J.B.: Linkshänder in der Arztpraxis. In: Bayerisches Ärzteblatt, Nr. 4/91, S. 139

Sattler, J.B.: »Beidhänder« sind hirngeschädigt. In: Münchener Medizinische Wochenschrift, Nr. 21/1993, S. 291/35–294/40. Wieder abgedruckt in: »Der umgeschulte Linkshänder oder Der Knoten im Gehirn«. 1995, S. 350–356

Sattler, J.B.: Das linkshändige Kind in der Grundschule. Erarbeitet im Auftrag des Kultusministeriums, herausgegeben vom Staatsinstitut für Schulpädagogik und Bildungsforschung. Donauwörth 1993, 1998 (8)

Sattler, J. B.: Der umgeschulte Linkshänder oder Der Knoten im Gehirn. Donauwörth 1995, 1998 (4)

Sattler, J.B.: Übungen für Linkshänder. Schreiben und Hantieren mit links. Mit eingelegter Schreibunterlage für Linkshänder. Donauwörth 1996, 1998 (3)

Sattler, J.B.: Schreibunterlagen-Block für Linkshänder. Donauwörth 1996, 1999 (4)

Sattler, J.B.: Übungsheft für Linkshänder. Donauwörth 1997, 2000 (4)

Sattler, J.B.: Die Psyche des linkshändigen Kindes. Von der Seele, die mit Tieren spricht. Donauwörth 1998, 2000 (3)

Sattler, J.B.: Links und Rechts in der Wahrnehmung des Menschen. Zur Geschichte der Linkshändigkeit. Donauwörth 2000

Sattler, J.B.: Das linkshändige Kind – seine Begabungen und seine Schwierigkeiten. Auer Verlag, Donauwörth 2003
Schäfer, Ernst L.: Das Hand-Buch. Die Linke und die Rechte. Geschichte und Alltag unserer zwei Seiten. Düsseldorf 1988
Schilling, E.: Die Bestimmung der Händigkeit. In: Motorik, Schorndorf, Heft 2, 1979
Smits, Rik: Alles mit der linken Hand. Geschick und Geschichte einer Begabung. Hamburg 1995
Sommer-Stumpenhorst, Norbert: Informationen für Schulpsychologen. Linkshändige Schüler in der Grundschule, Heft 1, 1985. Regionale Schulberatung im Kreis Warendorf, Waldenburger Straße 2, 48231 Warendorf
Sovak, M.: Pädagogische Probleme der Lateralität. Berlin 1968
Springer, Sally P., Deutsch, Georg: Linkes/rechtes Gehirn. Heidelberg 1987, 1995 (3)
Steingrüber, H.-I., Lienert, G.A.: Hand-Dominanz-Test (H-D-T). Göttingen 19762. Mit Schulstempel über die Testzentrale des Berufsverbandes Deutscher Psychologen, Robert-Bosch-Breite 25, 37079 Göttingen, zu beziehen
Szocska, Sarah: Stricken leicht gemacht für Linkshänder. Vertrieb: sinErgo Versand für Linkshänder; Wasserburger Landstraße 167a, 81827 München, Tel. (0 89) 45 36 26 08, Fax (0 89) 45 36 26 09

Wagner, Kira (Hrsg.): Stricken, Häkeln, Sticken. Schritt für Schritt für Rechts- und Linkshänder. Augsburg 1995
Weber, Sylvia: Linkshändige Kinder richtig fördern. München/Basel 2003
Wiborg, Jan Peter: Das kleine Buch für Linkshänder. Münster 1988

Zach, Peter: Kleine Bettlektüre für Linkshänder. Bern, München, Wien 1996
Zips, Martin, Hürlimann, Ernst (Zeichnungen): Linkshänder. Ein Fröhliches Wörterbuch. München 1997
Zuckrigl, Alfred: Linkshändige Kinder in Familie und Schule. München, Basel 1986

Zitat- und Abbildungsnachweis

S. 14
Sovak, M.: Pädagogische Probleme der Lateralität. Verlag Volk und Gesundheit. Berlin 1968

S. 20, 22
Springer, Sally: Linkes-rechtes Gehirn: funktionelle Asymmetrien. Spektrum-der-Wissenschaft-Verlagsgesellschaft. Heidelberg 1987.

S. 32
Kramer, J.: Linkshändigkeit. Wesen, Ursachen. Erscheinungsformen. Solothurn 1970

S. 40
Steingrüber, H.-I./Lienert, G.A.: Hand-Dominanz-Test. Verlag für Psychologie Dr. C. J. Hogrefe. Göttingen 1973

S. 41
Schilling, F.: Die Bestimmung der Händigkeit. Verlag Karl Hofmann. Schorndorf 1979

S. 32
Krippner, D./Sattler, J.B.: Das linkshändige Kind bei Schuleintritt. Staatsinstitut für Schulpädagogik und Bildungsforschung. München 1989

S. 94
Verlag der Vereinigung Rationelle Stenografie e.V., Hanau

S. 100f.
Müller, Werner: Die Religionen der Waldindianer Nordamerikas. Berlin 1956

S. 106, 107
dpa, Düsseldorf

S. 108
National Portrait Gallery, London

S. 109
Associated Press, Frankfurt am Main

S. 110
Keystone Pressedienst, Hamburg

Register

Impressum

Der Autor:

Rolf W. Meyer ist Gymnasiallehrer und Verfasser von Schul- und Sachbüchern. Das vorliegende Buch entstand aus der Erfahrung im täglichen Umgang mit Linkshändern.

Hinweis für den Leser:

ISBN 3-89994-007-5

www.humboldt.de
8., vollständig überarbeitete und aktualisierte Auflage
Gesetzt aus der 10/12 Punkt Meta/Trump Mediaeval
von Satzstudio DTP Johanna Boy, Brennberg
Druck und Bindung von Artpress, A-Höfen
www.artpress.at

Printed in Austria 2004
9 8 7 6 5